Kognitives Athletiktraining

Reihe herausgegeben von

Daniel Memmert, Institut für Trainingswissenschaft und Sportinformatik,
Deutsche Sporthochschule Köln, Köln, Nordrhein-Westfalen, Deutschland

Die Buchreihe *Kognitives Athletiktraining* informiert in praxisorientierten und wissenschaftlich fundierten Einzelbänden über die Durchführung eines kognitiven Athletiktrainings in verschiedenen Sportarten. Jeder Reihentitel greift eine spezifische Sportart auf und beantwortet die übergeordnete Frage: „Mit welchen Spiel- und Übungsformen kann die Kognition parallel zu Athletik und Kondition trainiert werden?" Dabei stehen kognitive Fähigkeiten wie z. B. Wahrnehmung, Kreativität, Antizipation und Aufmerksamkeit sowie konditionelle Fähigkeiten wie Kraft, Ausdauer, Schnelligkeit und Koordination im Fokus.

Die Bücher sind didaktisch-methodisch ausgelegt, enthalten viele Beispiele und überzeugen durch eine kompakte und übersichtliche Aufmachung im Theorieteil. Zahlreiche Fotos und Abbildungen erleichtern die Umsetzung der verschiedenen Spiel- und Übungsformen im Praxisteil, der den wesentlichen Anteil der Bücher ausmacht.

Die Buchreihe richtet sich insbesondere an Trainer*innen im Leistungs- und Breitensport, an interessierte Sportler*innen sowie an Studierende der Sportwissenschaft. Die Autor*innen der Buchreihe lehren und forschen an Universitäten, sind selbst als Trainer*innen aktiv oder engagieren sich in den Dachverbänden der jeweiligen Sportarten.

Daniel Memmert · Jerry Medernach

Kognitives Athletiktraining im Klettern und Bouldern

Kraft, Ausdauer, Schnelligkeit, Koordination und kognitive Fähigkeiten kombiniert trainieren

 Springer Spektrum

Daniel Memmert
Institut für Trainingswissenschaft und
Sportinformatik
Deutsche Sporthochschule Köln
Köln, Nordrhein-Westfalen, Deutschland

Jerry Medernach
Luxemburg, Luxembourg

ISSN 3005-1703   ISSN 3005-1711   (electronic)
Kognitives Athletiktraining
ISBN 978-3-662-71808-7   ISBN 978-3-662-71809-4   (eBook)
https://doi.org/10.1007/978-3-662-71809-4

Die Deutsche Nationalbibliothek verzeichnet diese Publikation in der Deutschen Nationalbibliografie;
detaillierte bibliografische Daten sind im Internet über https://portal.dnb.de abrufbar.

Einbandabbildung: Das Bild wurde mit KI generiert (Adobe Stock 1094076296)

Planung/Lektorat: Ken Kissinger
Springer Spektrum ist ein Imprint der eingetragenen Gesellschaft Springer-Verlag GmbH, DE und ist
ein Teil von Springer Nature.
Die Anschrift der Gesellschaft ist: Heidelberger Platz 3, 14197 Berlin, Germany

Wenn Sie dieses Produkt entsorgen, geben Sie das Papier bitte zum Recycling.

Vorwort der Autoren

Erfolgreiches Training zur Leistungsoptimierung lässt sich mit dem Zubereiten eines Gerichts vergleichen. Zunächst sind natürlich die richtigen Zutaten erforderlich. Ein Koch[1] benötigt zudem ein grundlegendes Verständnis dafür, wie diese optimal zubereitet werden. Dazu gehört natürlich auch die richtige Abstimmung mit den passenden Gewürzen. Ebenso entscheidend ist beispielsweise die zeitliche Koordination der Kochprozesse, damit alle Zutaten weder zu kurz noch zu lang gekocht werden. So wie ein Koch Rezept, Zutaten und Zubereitung geschickt kombinieren muss, um ein schmackhaftes Gericht zu kreieren, müssen im Training viele Faktoren aufeinander abgestimmt werden, um optimale Ergebnisse zu erzielen.

So ist auch die Trainingsgestaltung im Klettern und Bouldern von vielen verschiedenen Faktoren abhängig. Die Maximalkraft der Fingermuskulatur wird am Hangboard trainiert, die Schnellkraft der Oberkörpermuskulatur am Campusboard, die lokale Ausdauer der Unterarmmuskulatur durch wiederholtes Spulen von Routen, die technischen Fertigkeiten an Systemwänden und zwischendurch wird die Beweglichkeit im Hüftbereich verbessert. Dies sind natürlich nur einige Beispiele. Nichtsdestotrotz müssen alle relevanten Faktoren perfekt aufeinander abgestimmt sein, um Erfolg zu haben.

Wer jedoch beim Jonglieren mit all diesen Komponenten versucht, zu viele Bälle in der Luft zu halten, läuft Gefahr, alle fallen zu lassen. Aus Zeitgründen können nämlich nicht alle Faktoren gleichzeitig trainiert werden. Athleten und Trainer müssen also Prioritäten setzen und festlegen, an welchen Fertigkeiten und Fähigkeiten wann und für welche Dauer gearbeitet werden soll. Im Mittelpunkt sollte dabei, wie Udo Neumann es ausdrückte, das „schwächste Glied" der Kette stehen, also die Fähigkeiten und Fertigkeiten, die den Athleten auf dem Weg zu seinem Ziel am meisten zurückhalten.

---

[1] Aus Gründen der Lesbarkeit wird in diesem Buch auf die gleichzeitige Verwendung der Sprachformen männlich, weiblich und divers verzichtet (z. B. Genderstern, Doppelpunkt, Binnen-I). In jedem Fall beziehen sich die verwendeten Personenbezeichnungen, sofern nicht anders angegeben, gleichermaßen auf weibliche, männliche und diverse Personen.

Nun führen bekanntlich viele Wege nach Rom. Dabei spielen die Individualität, die Differenzierung und die Variabilität eine große Rolle, da bestimmte Übungen bei einem Athleten erfolgreich sein können, während sie bei einem anderen wenig oder gar keine Wirkung zeigen. Allen Sportlern gemeinsam ist jedoch, dass die Zeit zum Trainieren begrenzt ist. Das Zauberwort lautet also Trainingseffizienz – Übungsformen und Trainingsinhalte müssen so gewählt werden, dass sie möglichst zielführend zur Leistungssteigerung beitragen.

Genau an dieser Stelle kann das in diesem Buch vorgestellte **kognitive Athletiktraining** als Ansatz dienen, um die Effizienz der Trainingseinheiten zu optimieren. Vereinfacht ausgedrückt basiert das Konzept auf der Verknüpfung von körperlichen Übungen mit kognitiven, also geistigen Prozessen. Anstelle eines isolierten Krafttrainings, etwa am Campusboard oder am Hangboard, wird versucht, die Komplexität der Trainingsinhalte durch die Einbeziehung mentaler Funktionen und Prozesse zu erweitern. Im Vordergrund stehen somit die Trainingseffizienz, die gezielte Leistungsoptimierung und die langfristige Entwicklung.

In diesem Buch wird für theoretische Inhalte und wissenschaftliche Quellen häufig auf andere Sportarten zurückgegriffen. Dies liegt daran, dass der aktuelle Forschungsstand im Klettern und Bouldern derzeit immer noch begrenzt ist, auch wenn in den letzten Jahren sichtbare Fortschritte erzielt wurden. Viele Ansätze lassen sich jedoch auch auf das Klettern und Bouldern übertragbar. Wir hoffen, mit diesem Buch wertvolle Einblicke zur Optimierung von Trainingseinheiten im Klettern und Bouldern geben zu können und wünschen allen Lesern viel Erfolg beim Training.

Daniel Memmert

Jerry Medernach

Vorwort Max Prinz, Deutscher Meister im Bouldern 2019 und IFSC-Weltcup Athlet

Als Wettkampfkletterer ist es mir wichtig, mein Training möglichst effizient zu gestalten. Schließlich ist die Zeit begrenzt und die Anforderungen, die man beim Bouldern erfüllen muss, sind vielseitig. Mein Fokus lag stehts darauf, mein Training so zu gestalten, dass es optimal zur Leistungsentwicklung beiträgt. Von Anfang an war mein Kletterstil von dynamischen Bewegungen geprägt, bei denen Kraft und Koordination fein aufeinander abgestimmt sein müssen. Schon in jungen Jahren hatte ich das Gefühl, dass die mentale Komponente für mich einer der wichtigsten Aspekte ist, sowohl im Wettkampf als auch am Fels und im Training. Komplexe Bewegungen zu verstehen, zu visualisieren und beim Klettern zu antizipieren, ist mindestens genauso wichtig wie die körperliche Fitness. Denn wenn der Kopf nicht zu 100% bereit ist, kann auch der Körper seine Leistung nicht vollständig abrufen. Ich bin davon überzeugt, dass es Kletternden hilft, die Zusammenhänge zwischen Nervensystem, Koordination und Muskulatur zu verstehen. Wer diese Verbindungen erkennt, kann sein Training effektiver gestalten und sein persönliches Potenzial besser ausschöpfen. Zwar lässt sich durch regelmäßiges Bewegungslernen ein gutes Körpergefühl entwickeln, doch in meiner eigenen Laufbahn fehlten mir oft fundierte Trainingsleitfäden, Protokolle und praxisnahe Informationen, die sich unmittelbar im Training umsetzen lassen. Anstatt physische und mentale Komponenten isoliert zu betrachten, halte ich es für sinnvoll, mentale und kognitive Aspekte als wirkungsvollen Ansatz zur Leistungssteigerung gezielt in das Training zu integrieren. Dieses Buch ist ein erster Schritt in Richtung einer ganzheitlichen Trainingsmethode, die motorische Fertigkeiten und Kognition miteinander verbindet. Es bietet eine Vielzahl von Übungen, mit denen Leserinnen und Lesern ihr Training abwechslungsreicher und zugleich gezielter gestalten können. Damit öffnet es die Tür für eine zukünftige Weiterentwicklung von Trainingsansätzen in einer Sportart, die zunehmend populärer und professioneller wird.

Max Prinz

Danksagung

In Liebe an Ute, Kim und Lina sowie Rita und Julian

Als Dank für die wertvolle Unterstützung

Competing Interests Die Autor*innen haben keine für den Inhalt dieses Manuskripts relevanten Interessenkonflikte.

Für wen dieses Buch geeignet ist

Die meisten in diesem Buch vorgestellten Übungen eignen sich sowohl für Frei-zeitkletterer als auch für den Anfänger-, Jugend- und Schulbereich. Darüber hin-aus lassen sich nahezu alle Übungen anpassen und somit auch im Leistungssport gewinnbringend einsetzen. In der Trainingspraxis haben sich viele dieser Übun-gen auch dort als äußerst wirkungsvoll erwiesen – insbesondere im Hinblick auf die langfristige Entwicklung vielseitiger motorischer Fertigkeiten und die gezielte Schulung taktischer Entscheidungsprozesse. Ihr besonderer Mehrwert liegt in der Förderung von Bewegungsvielfalt und -variation innerhalb der Trainingseinheiten. Leistungssportlern ist daher zu empfehlen, offen für neue Trainingsansätze zu bleiben und ausgewählte Übungen – etwa im Warm-up – in den Trainingsalltag zu integrieren. Ein solches Umdenken wird sich langfristig auszahlen.

Ergänzendes Material

Uns Autoren ist es ein besonderes Anliegen, unser Wissen und unsere Expertise weiterzugeben und Sie bei der Gestaltung und Optimierung von Trainings- und Unterrichtseinheiten zu unterstützen. Über den QR-Code erhalten Sie Zugriff auf Präsentationen, Facharbeiten und Publikationen der Autoren, die dieses Buch durch ergänzende Inhalte sinnvoll erweitern.

Inhaltsverzeichnis

Teil I   Theorieteil

1	**Einleitung**	3
	Literatur	5
2	**Athletiktraining im Sport**	9
	2.1 Ausdauer	9
	2.2 Kraft	10
	2.3 Schnelligkeit	10
	2.4 Koordination	11
	Literatur	11
3	**Kognitionstraining im Sport**	15
	3.1 Antizipation	16
	3.2 Wahrnehmung	17
	3.3 Aufmerksamkeit	18
	3.4 Kreativität	19
	3.5 Spielintelligenz	20
	3.6 Arbeitsgedächtnis	20
	Literatur	22
4	**Kognitives Athletiktraining im Sport**	27
	Literatur	31

Teil II   Praxisteil

5	**Vorbemerkungen**	37
	5.1 Material	37
	5.2 Trainingswand	37
	5.3 Smarties	38
	5.4 Anpassung und Variation	38
	5.5 Individualität	38

6   Überblick der Übungsformen 41

7   Antizipation & Ausdauer 43
   7.1   Jo-Jo... 43
   7.2   Auf zum Henkel.................................... 45
   7.3   Farbenjagd 47

8   Antizipation & Kraft 49
   8.1   Griffmeister 49
   8.2   Hangelaffe 51
   8.3   Pull & Climb 53

9   Antizipation & Schnelligkeit 55
   9.1   Auf die Plätze.................................... 55
   9.2   Rakete 57
   9.3   Tempowechsel..................................... 59

10   Antizipation & Koordination............................... 61
   10.1   Lass los.. 61
   10.2   Transporter....................................... 63
   10.3   In die Hände klatschen............................ 65

11   Wahrnehmung & Ausdauer................................. 67
   11.1   Immer drei 67
   11.2   Griffwechsel...................................... 69
   11.3   Zurück ins Nest 71

12   Wahrnehmung & Kraft.................................... 73
   12.1   Schraubstock 73
   12.2   Hangel-Kommando 75
   12.3   Hängen lassen 77

13   Wahrnehmung & Schnelligkeit 79
   13.1   Fangspiel am Boulderpilz 79
   13.2   Schnell zum Punkt................................ 81
   13.3   Staffelklettern.................................... 83

14   Wahrnehmung & Koordination............................. 85
   14.1   Sprungmeister 85
   14.2   Weiches Greifen................................... 87
   14.3   Malen mit dem Fuß 89

15   Aufmerksamkeit & Ausdauer 91
   15.1   Kurzseil-Clippen 91
   15.2   Zwei dazu.. 93
   15.3   Nachahmer....................................... 95

16   Aufmerksamkeit & Kraft.................................. 97
   16.1   Spiegelverkehrt 97
   16.2   Würfelspiel....................................... 99
   16.3   Move & Touch.................................... 101

17 Aufmerksamkeit & Schnelligkeit 103
    17.1 Zahlensammeln 103
    17.2 Wörterklettern 105
    17.3 Fang mich doch 107

18 Aufmerksamkeit & Koordination 109
    18.1 Farbenspiel 109
    18.2 Hand und Fuß 111
    18.3 Kreuzen und wechseln 113

19 Kreativität & Ausdauer 115
    19.1 Finde die Schüttelstelle 115
    19.2 Hoch, runter, hoch 117
    19.3 Plus 3 119

20 Kreativität & Kraft 121
    20.1 Joker 121
    20.2 Einbeiniger Pirat 123
    20.3 Abkürzung 125

21 Kreativität & Schnelligkeit 127
    21.1 Korkenzieher 127
    21.2 Run & Jump 129
    21.3 Der schnellste Weg 131

22 Kreativität & Koordination 133
    22.1 No Hands 133
    22.2 Durch die Nudel 135
    22.3 Blinde Nuss 137

23 Intelligenz & Ausdauer 139
    23.1 Leise Maus 139
    23.2 Repeater 141
    23.3 Abwärtsspirale 143

24 Intelligenz & Kraft 145
    24.1 Dreierpack 145
    24.2 Fuß zur Hand 147
    24.3 Trau dich 149

25 Intelligenz & Schnelligkeit 151
    25.1 Aber nicht kucken 151
    25.2 Stocktraining 153
    25.3 Immer schneller 155

26 Intelligenz & Koordination 157
    26.1 Slow Motion 157
    26.2 Eine Hand lösen 159
    26.3 Zwei hoch, einen runter 161

27 Gedächtnis & Ausdauer   163
    27.1 High Five   163
    27.2 Griffe sammeln   165
    27.3 Schattenklettern   167

28 Gedächtnis & Kraft   169
    28.1 Play-Replay   169
    28.2 Ohne LEDs.   171
    28.3 Hangelboard.   173

29 Gedächtnis & Schnelligkeit   175
    29.1 Eins, zwei, drei.   175
    29.2 Fahnenklettern   177
    29.3 Griffe-Memo   179

30 Gedächtnis & Koordination.   181
    30.1 Stehen bleiben   181
    30.2 Affen, sortiert euch   183
    30.3 Verrückter Zoo.   185

Über die Autoren

Prof. Dr. Daniel Memmert ist Univ.-Professor und geschäftsführender Institutsleiter an der Deutschen Sporthochschule Köln, Institut für Trainingswissenschaft und Sportinformatik (https://www.dshs-koeln.de/en/visitenkarte/person/univ-prof-dr-daniel-memmert/). Von 2009 bis 2016 war er Leiter des Instituts für Kognitions- und Sportspielforschung an der Deutschen Sporthochschule Köln. 2003 promovierte er (Auszeichnung: dvs-Nachwuchspreis, Bronze) und habilitierte sich 2008 an der Elite-Universität Heidelberg (Auszeichnung: DOSB-Wissenschaftspreis, Bronze). Im Jahr 2014 war er Gastprofessor an der Universität Wien. Die Schwerpunkte seiner wissenschaftlichen Arbeit liegen in den Bereichen Bewegungswissenschaft (Kognition und Motorik), Sportpsychologie (Aufmerksamkeit und Motivation) und Sportinformatik (Big Data, Mustererkennung und Simulation). Laut einer öffentlich zugänglichen Datenbank von Elsevier mit den 100.000 besten Wissenschaftlern der Welt (https://data.mendeley.com/datasets/btchxktzyw/2) steht er in Deutschland auf Platz 1 im Bereich „Sportwissenschaft" und weltweit auf Platz 8 im Bereich „Sportwissenschaft/Experimentelle Psychologie". Er hat einen H-Index von 69 (i10-Index 249) und hat mehr als 10 Mio. € an Drittmitteln eingeworben (z. B. BMBF, BISp), darunter 9 DFG-Projekte im Bereich Informatik und 5 DFG-Projekte im Bereich Psychologie. Darüber hinaus hat er mehrere Forschungsaufenthalte (z. B. USA, Kanada) absolviert, verschiedene Preise gewonnen (z. B. DOSB-Wissenschaftspreis Bronze, Research Writing Award AAHPERD), ist Mitglied in internationalen Editorial Boards und hat mehr als 300 Artikel in internationalen Zeitschriften, 45 Bücher und 45 Buchkapitel veröffentlicht. Von 2009 bis 2013 war er Geschäftsführer der asp (Association for Sport Psychology), von 2012 bis 2016 Redakteur des *Journal of Sport Science/Sportwissenschaft* (Behavioral Science Section), von 2016 bis 2018 Mitherausgeber (Psychologie) der Zeitschrift *Research Quarterly for Exercise and Sport*, von 2017 bis 2021 des *Journal of Sport Psychology* und 2009–2022 stellvertretender Sprecher der dvs-Kommission „Mannschaftssport". Zurzeit ist er Chefredakteur des *Journal of Applied Sport and Exercise Psychology* und seit 2025 Executive Editor des *Journal of Sport Science*. Er besitzt Trainerlizenzen in den Sportarten Fußball, Tennis, Snowboard und Ski Alpin und ist Herausgeber und Autor von Lehrbüchern zum modernen Fußballtraining. Sein

Institut kooperiert mit verschiedenen Fußball-Bundesligisten, der deutschen Fußball-Nationalmannschaft (2006–2022) und DAX-Unternehmen und organisiert den ersten internationalen Weiterbildungs-Masterstudiengang „Spielanalyse" sowie die Zertifikate „Spielanalyse Team Köln" und „Sportdirektor im Amateur- und Nachwuchsleistungsfußball".

Dr. Jerry Medernach ist Sportlehrer und Dozent an der Fakultät für Geistes-, Erziehungs- und Sozialwissenschaften der Universität Luxemburg sowie Habilitand am Institut für Trainingswissenschaft und Sportinformatik (ITS) der Deutschen Sporthochschule Köln (DSHS). Sein aktueller Forschungsschwerpunkt liegt auf den kognitiven Prozessen im Klettersport. Er hat von 2006 bis 2011 Sportwissenschaften an der DSHS studiert und 2015 am Institut für Outdoor Sport mit „magna cum laude" promoviert. Von 2020 bis 2025 absolvierte er ein Postdoc-Studium im Bereich Kognition am ITS. Zusätzlich besitzt er einen Master in Sportpsychologie. Mit über 20 Jahren Erfahrung als Klettertrainer und Athlet vereint er fundierte wissenschaftliche Expertise und praktnische Erfahrung im Klettersport.

Teil I
Theorieteil

Einleitung

> „So many different factors contribute to your climbing performance" (Goddard & Neumann, 1993, S. 4).

Dieses Zitat von Dale Goddard und Udo Neumann stammt aus ihrem wegweisenden Buch *Performance Rock Climbing,* das inzwischen über dreißig Jahre alt ist. Wie in anderen Sportarten setzt sich Erfolg und Leistung im Klettern und Bouldern aus der komplexen Interaktion vielfältiger Faktoren zusammen. Dabei ist Erfolg im Sport für viele Menschen – Athleten, Trainer, Funktionäre und Zuschauer – oft ein Mysterium. Allzu oft gewinnt nicht der vermeintlich bessere Athlet oder das stärkere Team. Wenn man nach Ursachen sucht, dann scheint auch Glück oder Zufall einen gewissen, durch sportwissenschaftliche Daten belegten Einfluss zu haben (z. B. Wunderlich et al., 2021).

Der überwiegende Teil des sportlichen Erfolgs wird jedoch von Leistungsfaktoren bestimmt, mit denen sich die Trainingswissenschaft seit vielen Dekaden auseinandersetzt. Genauer gesagt beruhen Höchstleistungen im Sport auf einem komplexen Zusammenspiel konditioneller, kognitiver, technischer, taktischer und psychischer Faktoren sowie der physischen Konstitution (Memmert, 2013). Dies gilt auch für das Klettern und Bouldern, wo diese leistungsbestimmenden Faktoren in den letzten drei Jahrzehnten zunehmend erforscht wurden (z. B. Künzell et al., 2021; Sanchez et al., 2019).

Die Vielfalt und Komplexität des Sports im Allgemeinen ergibt sich zu einem großen Teil aus den verschiedenen Wechselwirkungen zwischen diesen Leistungsfaktoren. Auf einer allgemeinen Ebene werden diese primären Leistungsfaktoren in der Trainingspraxis nach der Struktur „Technik – Taktik – Kondition – Kognition – Konstitution" betrachtet. Aufbauend auf diesem Konstrukt wurden in den letzten Jahren zahlreiche, zum Teil sehr sportartspezifische Leistungsstrukturmodelle entwickelt und diskutiert (z. B. Klettern: Sanchez et al., 2019; Handball:

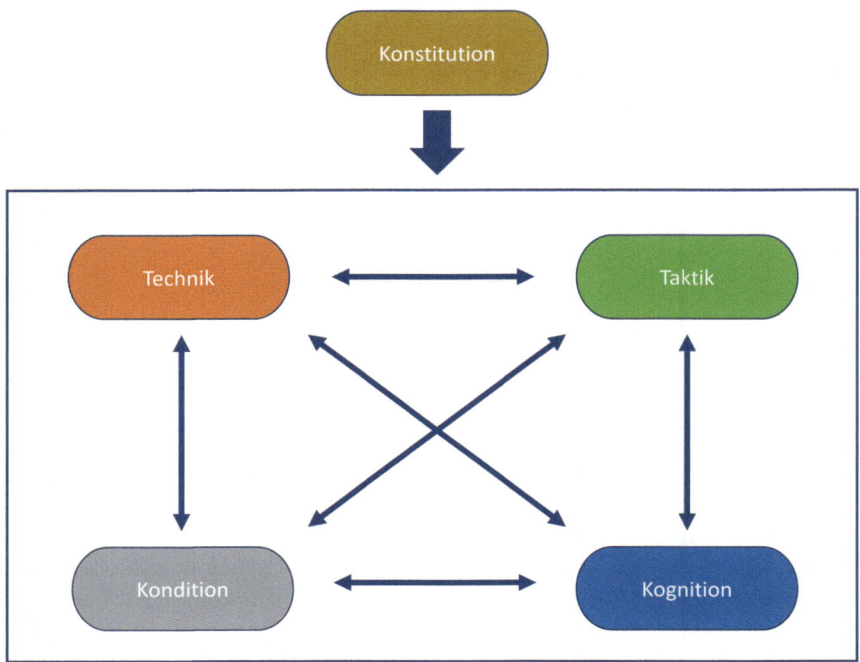

Abb. 1.1 Die fünf Leistungsfaktoren im Sport. (In Anlehnung an Memmert, 2013)

Brack, 2000; Tischtennis: Hohmann & Zhang, 2003), die verschiedene Einflussfaktoren auf die sportliche Leistung beschreiben (Vgl. Abb. 1.1.).

Während konstitutionelle Faktoren nur bedingt oder gar nicht veränderbar sind (z. B. Körpergröße), können die übrigen vier Leistungsfaktoren – Technik, Kondition, Taktik und Kognition – durch Training gezielt beeinflusst und verbessert werden. Mittlerweile gibt es auch für den Klettersport immer mehr Lehrbuchsammlungen (z. B. Hörst, 2008; MacLeod, 2010; Mobråten et al., 2023) und Publikationen (z. B. Medernach et al., 2015b; Medernach et al., 2024a; Stien et al., 2019) für die Bereiche Kondition, Technik und Taktik. Im Gegensatz dazu hat die Kognition – sowohl allgemein (Vgl. Memmert, 2019) als auch spezifisch im Kontext des Kletterns und Boulderns (Vgl. Henz et al., 2025; Medernach et al., 2023; Medernach & Memmert, 2021) – erst in den letzten Jahren vermehrt wissenschaftliche Aufmerksamkeit erhalten. Vereinfacht ausgedrückt umfasst die Kognition höhere geistige Funktionen und Prozesse, die entscheidend sind, um in bestimmten Situationen gezielt adäquate Lösungen zu generieren (Neisser, 2014). Im Klettern und Bouldern manifestieren sich derartige kognitive Prozesse beispielsweise in der strategischen Planung vor dem Klettern (Medernach et al., 2024a, Sanchez et al., 2019) sowie in der optimalen Entscheidungsfindung während des Kletterns (Medernach & Memmert, 2021).

Ein Mehrwert für die Trainingspraxis ergibt sich schließlich durch die gezielte Verknüpfung einzelner Modelle und Theorien zu den Leistungsfaktoren Technik, Kondition, Taktik und Kognition. Im Hinblick auf die Verknüpfung dieser vier Leistungsfaktoren wurde zu Beginn des Jahrtausends in der Sportwissenschaft der Begriff des Komplextrainings eingeführt. Komplextraining ist nach Schnabel und Thies (1993, S. 460) eine „methodische Form des Trainings, die auf die gleichzeitige Lösung mehrerer Hauptaufgaben der sportlichen Vorbereitung gerichtet ist". Das Komplextraining kann sowohl in der Vorbereitungs- als auch in der Wettkampfphase leistungsfördernd, effizient und motivierend eingesetzt werden (für einen Überblick: Vgl. Memmert, 2005).

Während für den Klettersport bislang keine Studien und kaum Lehrbücher zur inhaltlichen Verknüpfung und Trainierbarkeit dieser vier Leistungsfaktoren vorliegen, gibt es in anderen Sportarten eine Reihe von theoretischen Überlegungen, experimentellen Befunden und praktischen Empfehlungen. Untersuchungen gibt es beispielsweise für die Beziehungen (a) Technik und Kondition (Auguste, 2006; Olivier, 1996), (b) Technik und Kognition (Scharfen & Memmert, 2019a, b), (c) Technik und Taktik (Hossner, 2000; Memmert, 2004a, b; Memmert, 2006; Memmert & Breihofer, 2006; Roth & Kröger, 2011; Roth et al., 2002; Roth et al., 2006; Szymanski, 1997), (d) Taktik und Kognition (Cardoso et al., 2021; Kunrath et al., 2020), sowie (e) Taktik und Kondition (Wegner & Janssen, 1995). Dennoch gibt es auch hier bislang nicht für alle Leistungsfaktoren Ansätze zur inhaltlichen Verknüpfung und Trainierbarkeit dieser vier Leistungsfaktoren.

Genau an diesem Punkt setzt das vorliegende Buch an und versucht, vielfältige Ansätze für ein kognitives Athletiktraining im Klettern und Bouldern aufzuzeigen. Im ersten Teil des Buches werden die theoretischen Aspekte eines konditionellen und kognitiven Trainings sowie deren Kombination dargelegt. Hier soll dem Leser aufgezeigt werden, welche Faktoren gezielt trainiert werden können, welche Modelle dazu bereits verfügbar sind und welche wissenschaftliche Evidenz vorliegt. Zudem werden diese Erkenntnisse mit der Coaching-Praxis verknüpft, gestützt durch wissenschaftliche Studien, die in den letzten Dekaden durchgeführt wurden. Der zweite Teil des Buches enthält Trainingsbeispiele für ein kognitives Athletiktraining im Klettern und Bouldern. Allgemein soll das Buch dazu beitragen, Trainer und Vereine noch mehr dafür zu sensibilisieren, dass Kondition und Kognition simultan trainiert werden können und im Hinblick auf die Leistungsoptimierung möglicherweise sogar müssen.

Literatur

Auguste, C. (2006). *Techniktraining und konditionelle Belastung*. Sport & Buch Strauß.

Brack, R. (2000). *Wissenschafts- und objektorientierte Grundlagen der sportspielspezifischen Trainingslehre. Strukturierung, Generierung und Vermittlung von Hintergrundwissen zu Leistung, Training und Wettkampf im Sportspiel*. Unveröffentlichte Habilitationsschrift. Universität Stuttgart.

Cardoso, F. da S. L., García-Calvo, T., Patrick, T., Afonso, J., & Teoldo, I. (2021). How does cognitive effort influence the tactical behavior of soccer players? *Perceptual and Motor Skills, 128*(2), 851–864.

Hohmann, A. & Zhang H. (2003). Performance diagnostics by mathematical simulation in table tennis. In J.-F. Kahn & A. Lees (Eds.), *Science and Racket Sports 3. Paris*: Université de Paris.

Hörst, E. J. (2008). *Training for climbing. The definitive guide to improving your performance* (2. Aufl.). How to climb series, FalconGuides.

Hossner, E. J. (2000). Principles to know on nodal points. The coach. *The Official FIVB Magazine for Volleyball Coaches, 1*, 6–11.

Kunrath, C. A., Nakamura, F. Y., Roca, A., Tessitore, A., & Teoldo, I. (2020). How does mental fatigue affect soccer performance during small-sided games? A cognitive, tactical and physical approach. *Journal of Sport Science, 38*(15), 1818–1828.

Künzell, S., Thomiczek, J., Winkler, M., & Augste, C. (2021). Finding new creative solutions is a key component in world-class competitive bouldering. *German Journal of Exercise and Sport Research, 51*, 112–115. https://doi.org/10.1007/s12662-020-00680-9

Luis-Del Campo, V., Morenas Martín, J., Musculus, L., & Raab, M. (2024). Embodied planning in climbing: how pre-planning informs motor execution. *Frontiers in Psychology, 15*, 1337878. https://doi.org/10.3389/fpsyg.2024.1337878

MacLeod, D. (2010). *9 out of 10 climbers make the same mistakes. Navigation through the maze of advice for the self-coached climber.* Rare Breed Productions.

MacLeod, D., Sutherland, D. L., Buntin, L., Whitaker, A., Aitchison, T., Watt, I., Bradley, J., & Grant, S. (2007). Physiological determinants of climbing-specific finger endurance and sport rock climbing performance. *Journal of Sports Sciences, 25*(12), 1433–1443.

Medernach, J. P., Kleinöder, H., & Lötzerich, H. (2015b). Fingerboard in competitive bouldering: Training effects on grip strength and endurance. *Journal of Strength and Conditioning Research, 29*(8), 2286–2295. https://doi.org/10.1519/JSC.0000000000000873.

Medernach, J. P., Henz, J., & Memmert, D. (2023). Mechanisms underlying superior memory of skilled climbers in indoor bouldering. *Journal of Sports Sciences, 41*(20), 1837–1844. https://doi.org/10.1080/02640414.2023.2300569

Medernach, J. P., Henz, J., Memmert, D., & Sanchez, X. (2024a). Role of strategic planning in climbing performance: The case of Olympic bouldering. *Sport, Exercise, and Performance Psychology.* Advance online publication. https://doi.org/10.1037/spy0000369.

Medernach, J. P., & Memmert, D. (2021). Effects of decision-making on indoor bouldering performances: A multi-experimental study approach. *PLoS ONE, 16*(5), 1–26. https://doi.org/10.1371/journal.pone.0250701

Medernach, J. P., Sanchez, X., Henz, J., & Memmert, D. (2024b). Cognitive-behavioural processes during route previewing in bouldering. *Psychology of Sport and Exercise, 102654.* https://doi.org/10.1016/j.psychsport.2024.102654.

Memmert, D. (2004a). *Kognitionen im Sportspiel.* Sport & Buch Strauß.

Memmert, D. (2004b). Ein Forschungsprogramm zur Validierung sportspielübergreifender Basistaktiken. *Sportwissenschaft, 34*(3), 341–354.

Memmert, D. (2005). Komplextraining. In A. Hohmann, M. Kolb & K. Roth (Hrsg.), *Handbuch Sportspiel* (S. 359–364). Hofmann.

Memmert, D. (2006). *Optimales Taktiktraining im Leistungsfußball.* Spitta.

Memmert, D. (2013). Leistungsfaktoren im Sportspiel. In A. Güllich & M. Krüger (Hrsg.), *Sport – Das Lehrbuch für das Sportstudium* (S. 561–562). Springer.

Memmert, D. (2019). *Fußballspiele werden im Kopf entschieden: Kognitives Training, Kreativität und Spielintelligenz im Amateur- und Leistungsbereich.* Meyer & Meyer.

Memmert, D., & Breihofer, P. (2006). Doppelstunde Fußball. Hofmann.

Mobråten, M., Christopherson, S., & Bjørn, S. (2023). *Die Kletterbibel: Technisches, physisches und mentales Training.* Bergwelten.

Neisser, U. (2014). *Cognitive Psychology.* Classic edition: Psychology Press.

Olivier, N. (1996). *Techniktraining unter konditioneller Belastung*. Hofmann.

Roth, K., & Kröger, C. (2011). *Ballschule. Ein ABC für Spielanfänger* (4. Aufl.). Hofmann.

Roth, K., Kröger, C., & Memmert, D. (2002). *Ballschule Rückschlagspiele*. Hofmann.

Roth, K., Memmert, D., & Schubert, R. (2006). *Ballschule Wurfspiele*. Hofmann.

Sanchez, X., Torregrossa, M., Woodman, T., Jones, G., & Llewellyn, D. J. (2019). Identification of parameters that predict sport climbing performance. *Frontiers in Psychology, 10*(1294), 1–10. https://doi.org/10.3389/fpsyg.2019.01294

Scharfen, E., & Memmert, D. (2019a). Measurement of cognitive functions in experts and elite-athletes: A meta-analytic review. *Applied Cognitive Psychology., 3*, 843–860.

Scharfen, E. & Memmert, D. (2019b). The relationship between cognitive functions and sport-specific motor skills in elite youth soccer players. *Frontiers in Psychology – Movement Science & Sport Psychology.* 10(APR), 817.

Schnabel, G., & Thieß, G. (1993). *Lexikon Sportwissenschaft – Leistung – Training – Wettkampf*. Sportverlag.

Stien, N., Saeterbakken, A. H., Hermans, E., Vereide, V. A., Olsen, E., & Andersen, V. (2019). Comparison of climbing-specific strength and endurance between lead and boulder climbers. *PLoS ONE, 14*(9), e0222529. https://doi.org/10.1371/journal.pone.0222529

Stien, N., Saeterbakken, A. H., Hermans, E., Vereide, V. A., Olsen, E., & Pedersen, H. (2023). Effects of climbing- and resistance-training on climbing-specific performance: A systematic review and meta-analysis. *Biology of Sport*, 40(1), 179–191.

Szymanski, B. (1997). *Techniktraining in den Sportspielen – bewegungszentriert oder situationsbezogen?* Czwalina.

Wegner, M., & Janssen, J. P. (1995). Zur Operationalisierung der Konzentration im Hallenhandball: Ein anforderungsbezogener Forschungsansatz. *Psychologie und Sport, 2*, 57–68.

Wunderlich, F., Seck, A., & Memmert, D. (2021). The influence of randomness on goals in football decreases over time. An empirical analysis of randomness involved in goal scoring in the English Premier League. *Journal of Sports Sciences, 39*, 2322–2337.

Athletiktraining im Sport

2

Tony Yaniro wird oft als Pionier des modernen Klettertrainings der 70er und 80er Jahre bezeichnet, das sich vor allem auf konditionelle Aspekte und die Entwicklung der körperlichen Fitness konzentrierte. Der Erfolg gab ihm Recht. Heute ist unbestritten und empirisch belegt, dass konditionelle bzw. athletische Fähigkeiten eine wichtige Komponente im Leistungssport darstellen. Dies gilt natürlich auch für das Klettern und Bouldern, deren konditionellen Anforderungen in den vergangenen drei Jahrzehnten zunehmend wissenschaftlich untersucht wurden (z. B. Baláš et al., 2009; MacLeod et al., 2007; Medernach et al., 2015b; Stien et al., 2023). Die Sportwissenschaft, genauer gesagt die Trainings- und Bewegungswissenschaft, beschäftigt sich seit langem mit Theorien, Modellen und praktischen Trainingsempfehlungen zum Athletik- und Konditionstraining. Dabei besteht weitestgehend Einigkeit (Vgl. Weineck, 2019), dass sich die konditionellen und koordinativen Fähigkeiten in fünf Basisfaktoren unterteilen lassen (Vgl. Abb. 2.1). Der Faktor Beweglichkeit (Vgl. Thienes, 2023a), ist natürlich auch für die sportliche Leistung von zentraler Bedeutung, wird jedoch an dieser Stelle und im weiteren Verlauf des Buches nicht aufgegriffen.

2.1 Ausdauer

Die Ausdauer ist ein zentraler Bestandteil des Trainings für Sportler und wird auch aktuell ausführlich diskutiert (z. B. Kenney et al., 2023). Definiert wird sie als Fähigkeit, körperliche Belastungen über einen längeren Zeitraum aufrechtzuerhalten bzw. die Ermüdung hinauszuzögern (Bachl, 2018). Die Ausdauer ist auch als Schlüsselelement für die Verbesserung der allgemeinen, kardiovaskulären Gesundheit anzusehen (Plowman & Smith, 2023). Zur Ausdifferenzierung der Ausdauerleistungsfähigkeit wird an dieser Stelle auf Übersichtsarbeiten verwiesen (z. B. Faude & Donath, 2023). Beim Klettern und Bouldern spielt insbesondere

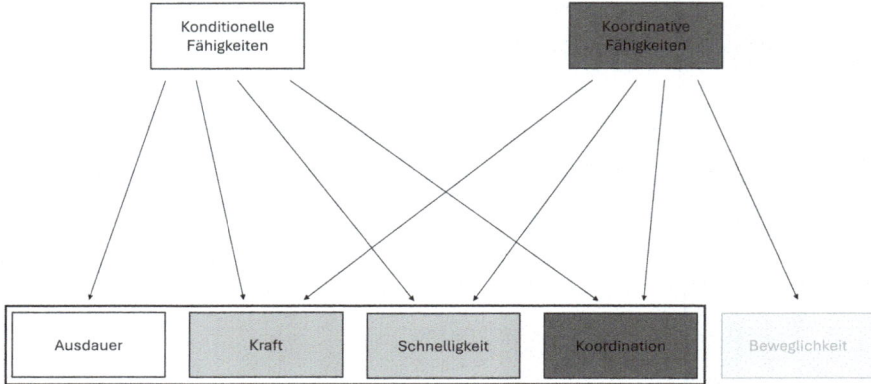

Abb. 2.1 Die fünf konditionellen und koordinativen Fähigkeiten im Sport (Vgl. Weineck, 2019)

die lokale Ausdauer eine zentrale Rolle (España-Romero et al., 2012; Medernach et al., 2015a). Sie bezeichnet die periphere Ermüdungswiderstandsfähigkeit der Unterarmmuskulatur, die wiederholten, intermittierenden Belastungen ausgesetzt ist (Vgl. Medernach, 2014 für einen Überblick).

2.2 Kraft

Kraft ist ein wesentlicher Faktor für die Leistungssteigerung und Verletzungsprävention, wie aktuelle Forschungsarbeiten hervorheben (z. B. Knudson, 2023). Allgemein lässt sich die Kraft in Maximalkraft, Schnellkraft, Reaktivkraft und Kraftausdauer untergliedern (Vgl. Thienes, 2023b für einen Überblick). Krafttraining wird nicht nur für Athleten, sondern auch für die Allgemeinbevölkerung als wichtig erachtet (z. B. Fragala et al., 2019). Auch die Relevanz der Kraftentwicklung in der Rehabilitation von Verletzungen wird in aktuellen sportmedizinischen Studien untersucht (z. B. Rudisill et al., 2023). Beim Klettern und Bouldern gilt insbesondere die Maximalkraft der Fingermuskulatur als entscheidender Schlüsselfaktor (Medernach et al., 2015a). Sie kann vereinfacht als die Fähigkeit definiert werden, sich an möglichst kleinen Klettergriffen festhalten zu können (Hörst, 2008). Darüber hinaus ist beispielsweise die Maximal- und Schnellkraft der Armbeuger und der Schultergürtelmuskulatur für die Aufwärtsbewegung und das Blockieren der Klettergriffe von entscheidender Bedeutung (Vgl. Medernach, 2014 für einen Überblick).

2.3 Schnelligkeit

Aktuelle Studien heben auch die Bedeutung der Schnelligkeit *(Agility)* im Sport hervor (z. B. Thieschäfer & Büsch, 2022). Zu den Komponenten der komplexen Schnelligkeit zählen beispielsweise das Sprinten mit Richtungswechseln, die

Wahrnehmungs- und Entscheidungsschnelligkeit sowie die Antizipation (Vgl. Thienes, 2023b für einen Überblick). Die Schnelligkeit wird insbesondere durch moderne Trainingsmethoden und neue Technologien in der Sportwissenschaft vorangetrieben (Young et al., 2021). Auch beim Klettern und Bouldern gewinnt die Schnelligkeit immer mehr an Bedeutung, insbesondere durch die zunehmend dynamischen Bewegungsanforderungen wie komplexe Ganzkörperbewegungen mit Lauf- und Schwungbewegungen oder Richtungswechsel bei dynamischen Zügen (Henz et al., 2024). Darüber hinaus spielt die Schnelligkeit vor allem im Klettern eine entscheidende Rolle, um eine optimale Balance zwischen statischen Phasen mit isometrischer Muskelkontraktion beim Halten der Griffe und einer möglichst flüssigen Bewegungsausführung zu gewährleisten, wodurch eine vorzeitige Muskelermüdung möglichst lange hinausgezögert werden soll (Rosponi et al., 2012).

2.4 Koordination

Koordination gilt in vielen Sportarten als entscheidender Faktor für die Leistungsoptimierung (Hrysomallis, 2020; Weineck et al., 2012; Williams & Ford, 2021). Allgemein bezeichnet die Koordination die Fähigkeit, Bewegungsabläufe präzise und effizient auszuführen, indem verschiedene Körperteile und Muskeln harmonisch zusammenarbeiten. Dass in einer hochkomplexen und koordinativ anspruchsvollen Sportart wie dem Klettern und Bouldern präzise und effiziente Bewegungsabläufe eine leistungsbestimmende Rolle spielen, ist trivial. Die Koordination ist somit entscheidend, um komplexe und flüssige Bewegungen zu erzeugen (Vgl. Golle et al., 2023 für einen Überblick).

Wie bereits in Abb. 2.1. dargestellt, bestehen vielfältige Wechselwirkungen zwischen den verschiedenen konditionellen und koordinativen Fähigkeiten. So wird aktuell beispielsweise die Interaktion zwischen Schnelligkeit, Ausdauer und anderen Leistungsfaktoren erforscht (z. B. Knudson, 2023). Die Bedeutung von Koordination und Gleichgewicht für eine gute Verletzungsprävention wird ebenfalls in aktuellen Studien thematisiert (z. B. Al Attar et al., 2022). In verschiedenen Trainingsmodellen und -programmen werden auch Ansätze zur Integration von Schnelligkeit, Ausdauer, Koordination und Krafttraining vorgeschlagen und evaluiert (Holviala et al., 2012).

Literatur

Al Attar, W. S. A., Khaledi, E. H., Bakhsh, J. M., Faude, O., Ghulam, H., & Sanders, R. H. (2022). Injury prevention programs that include balance training exercises reduce ankle injury rates among soccer players: A systematic review. *Journal of Physiotherapy, 68*, 165–173.

Bachl, N. (2018). *Molekulare Sport- und Leistungsphysiologie. Molekulare, zellbiologische und genetische Aspekte der körperlichen Leistungsfähigkeit*. Springer.

Baláš, J., Strejcová, B., Malý, T., Mala, L., & Martin, A. J. (2009). Changes in upper body strength and body composition after 8 weeks indoor climbing in youth. *Isokinetics and Exercise Science, 17*, 173–179.

España-Romero, V., Jensen, R. L., Sanchez, X., Ostrowski, M. L., Szekely, J. E., & Watts, P. B. (2012). Physiological responses in rock climbing with repeated ascents over a 10-week period. *European Journal of Applied Physiology*, *112*(3), 821–828. https://doi.org/10.1007/s00421-011-2022-0.

Fragala, M. S., Cadore, E. L., Dorgo, S., Izquierdo, M., Kraemer, W. J., Peterson, M. D. (2019). Resistance training for older adults: position statement from the national strength and conditioning association. *Journal of Strength & Conditioning Research, 33*(8), 2019–2052.

Faude, O., & Donath, L. (2023). Ausdauer und Ausdauertraining im Sport: Anwendungsbereiche, Diagnostik, Trainingsformen, Organisation, Methoden, Anpassungen. In *Bewegung, Training, Leistung und Gesundheit: Handbuch Sport und Sportwissenschaft* (S. 849–864). Springer Berlin Heidelberg.

Golle, K., Mechling, H., & Granacher, U. (2023). Koordinative Fähigkeiten und Koordinationstraining im Sport. In A. Güllich & M. Krüger (Hrsg.), *Bewegung, Training, Leistung und Gesundheit: Handbuch Sport und Sportwissenschaft* (S. 909–932). Springer Berlin Heidelberg.

Henz, J., Sanchez, X., Memmert, D., & Medernach, J. P. (2024). Profiling of expert bouldering routesetters. *International Journal of Sports Science and Coaching*, 1–9. https://doi.org/10.1177/17479541241248583.

Holviala, J., Kraemer, W. J., Sillanpää, E., Karppinen, H., Avela, J., Kauhanen, A., Häkkinen, A., & Häkkinen, K. (2012). Effects of strength, endurance and combined training on muscle strength, walking speed and dynamic balance in aging men. *European Journal of Applied Physiology, 112*(4), 1335–1347.

Hörst, E. J. (2008). *Training for climbing. The definitive guide to improving your performance* (2. Aufl.). How to climb series, FalconGuides.

Hrysomallis, C. (2020). Balance ability and athletic performance. *Sports Medicine, 41*(3), 221–232.

Kenney, W. L., Wilmore, J. H., & Costill, D. L. (2023). *Physiology of Sport and Exercise* (8. Aufl.). Human Kinetics.

Knudson D.V. (2023). *Introduction to Exercise Science*. Human Kinetics.

Medernach, J. P. (2014): *Einsatz sportartspezifischer Trainingsmethoden im Wettkampfbouldern*. Dissertation. Deutsche Sporthochschule Köln.

Medernach, J. P., Kleinöder, H., & Lötzerich, H. H. H. (2015a). Effect of interval bouldering on hanging and climbing time to exhaustion. *Sports Technology, 8*(3–4), 76–82. https://doi.org/10.1080/19346182.2015.1063643

Medernach, J. P., Kleinöder, H., & Lötzerich, H. (2015b). Fingerboard in competitive bouldering: Training effects on grip strength and endurance. *Journal of Strength and Conditioning Research, 29*(8), 2286–2295. https://doi.org/10.1519/JSC.0000000000000873

Memmert, D. (2012). Kreativität im Sportspiel. *Sportwissenschaft*, 42, 38–49.

Memmert, D., Hüttermann, S. & Orliczek, J. (2013). Decide like Lionel Messi! The Impact of Regulatory Focus on Divergent Thinking in Sports. *Journal of Applied Social Psychology*, 43, 2163–2167.

Noël, B., van der Kamp, J., Weigelt, M., & Memmert, D. (2015). *Asymmetries in spatial perception are more prevalent under explicit than implicit attention. Consciousness and Cognition*, 34, 10–15.

Plowman, S. A., & Smith, D. L. (2023). *Exercise Physiology for Health, Fitness, and Performance* (6. Aufl.). Wolters Kluwer.

Rosponi, A., Schena, F., Leonardi, A., & Tosi, P. (2012). Influence of ascent speed on rock climbing economy. *Sport Sciences for Health, 7*, 71–80.

Rudisill, S. S., Varady, N. H., Kucharik, M. P., Eberlin, C. T., & Martin, S. D. (2023). Evidence-based hamstring injury prevention and risk factor management. A systematic review and meta-analysis of randomized controlled trials. *The American Journal of Sports Medicine, 51*(7), 1927–1942.

Thienes, G. (2023a). Beweglichkeit und Beweglichkeitstraining im Sport: Anwendungsbereiche, Diagnostik, Trainingsformen, Organisation, Methoden, Anpassungen. In *Bewegung, Training, Leistung und Gesundheit*: Handbuch Sport und Sportwissenschaft (S. 885–908). Springer Berlin Heidelberg.

Thienes, G. (2023b). Schnelligkeit und Schnelligkeitstraining im Sport: Anwendungsbereiche, Diagnostik, Trainingsformen, Organisation, Methoden, Anpassungen. *In Bewegung, Training, Leistung und Gesundheit:* Handbuch Sport und Sportwissenschaft (S. 865–884). Springer Berlin Heidelberg.

Thieschäfer, L., & Büsch, D. (2022). Development and trainability of agility in youth: A systematic scoping review. *Frontiers in Sports and Active Living, 4,* 952779.

Weineck, J., Memmert, D., & Uhing, M. (2012). Optimales Koordinationstraining im Fußball.

Weineck, J. (2019). *Optimales Training.* Spitta.

Williams, A. M., & Ford, P. R. (2021). Expertise and expert performance in sport. *International Review of Sport and Exercise Psychology, 17*(1), 57–77.

Young, W., Rayner, R., & Talpey, S. (2021). Its time to change direction on agility research: A call to action. *Sports Medicine – Open, 7*(1), 12.

Kognitionstraining im Sport

3

Bereits Wolfgang Güllich, einem der einflussreichsten und erfolgreichsten Kletterer der 1980er Jahre, hat oft die zentrale Bedeutung des Kopfes für Spitzenleistungen beim Klettern betont. In der Tat machen die vielfältigen Bewegungsanforderungen beim modernen Klettern und Bouldern nicht nur athletische Fähigkeiten, sondern auch kognitive Prozesse zunehmend leistungsbestimmend, was mittlerweile auch durch erste empirische Studien belegt werden konnte (Medernach et al., 2024a; Medernach & Memmert, 2021). Beobachtet man Spitzenathleten wie Janja Garnbret oder Toby Roberts, die Olympiasieger von Paris 2024, so scheint es ihnen oft mühelos zu gelingen, auch in komplexen und scheinbar aussichtslosen Situationen, insbesondere am Ende der Kletterzeit, kreative und technisch-taktisch optimale Lösungen zu finden.

Wie bereits zu Beginn dieses Buches dargelegt, umfassen Kognitionen höhere geistige Funktionen und Prozesse, die entscheidend dafür sind, in solchen Situationen gezielt adäquate Lösungen zu generieren. Zusammenfassend zeigt der aktuelle Forschungsstand, dass Experten tendenziell über höhere, grundlegende kognitive Fähigkeiten verfügen (Scharfen & Memmert, 2019; Voss et al., 2010). Im Klettern und Bouldern haben erste empirische Studien beispielsweise gezeigt, dass Spitzenathleten über ein erweitertes Bewegungsrepertoire verfügen (Medernach et al., 2023; Sanchez et al., 2019), bessere Entscheidungen treffen und effektivere Kletterstrategien entwickeln (Medernach et al., 2024a; Medernach & Memmert, 2021) sowie kreativere Lösungen finden (Künzell et al., 2021; Medernach et al., 2025a) als weniger erfahrene Athleten.

In Anlehnung an psychologische Modelle und Theorien wurde ein Prozessmodell des Ablaufs menschlicher Entscheidungshandlungen entwickelt (Memmert, 2013, 2017a, b, 2019; Memmert & Roth 2003; Roth & Hossner, 1999), das die kognitiven Fähigkeiten Antizipation, Wahrnehmung, Aufmerksamkeit, Kreativität, Intelligenz und Arbeitsgedächtnis umfasst (Vgl. Abb. 3.1.). Die

D. Memmert und J. Medernach, *Kognitives Athletiktraining im Klettern und Bouldern*, Kognitives Athletiktraining, https://doi.org/10.1007/978-3-662-71809-4_3

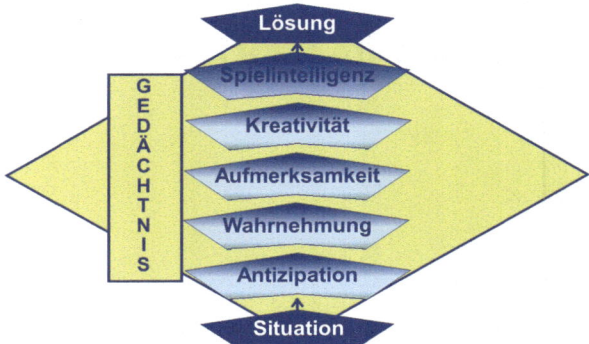

Abb. 3.1 Überblick über die zentralen kognitiven Leistungsfaktoren, die Handlungen im Sport zugrunde liegen (Memmert, 2013, 2019). Bei der Generierung von sportspezifischen Situationslösungen müssen nicht unbedingt alle perzeptiv-kognitiven Phasen durchlaufen werden

Darstellung der einzelnen psychologischen Prozesse folgt einer weitgehend anerkannten zeitlichen Abfolge, wobei im realen Kontext nicht unbedingt alle perzeptiv-kognitiven Phasen durchlaufen werden müssen. Im Folgenden werden diese kognitiven Fähigkeiten näher beschrieben. Für einen ausführlicheren Überblick wird auf aktuelle Lehrbücher und Studien verwiesen, die sich spezifisch mit dieser Thematik befassen (Bouldern; Medernach & Memmert, 2021; Fußball: Memmert, 2019; Tennis: Memmert & Leiner, 2020; Handball und Basketball: Memmert & König, 2021, 2022).

3.1   Antizipation

Antizipation spielt allgemein in vielen Sportarten eine entscheidende Rolle (Vgl. Williams & Jackson, 2019 für einen Überblick). Vereinfacht ausgedrückt bedeutet Antizipation, dass jede Situation auf der Grundlage früherer Erfahrungen, die in unserem Gedächtnis gespeichert sind, vorweggenommen wird (Memmert, 2019). Unser Vorwissen und unsere Vorerfahrungen beeinflussen somit, wie wir auf einen bestimmten Reiz reagieren und damit auch, wie wir unsere Umwelt überhaupt wahrnehmen. Je nach zugrunde liegendem wissenschaftlichen Modell wird Antizipation häufig auch als ein der Wahrnehmung nachgelagerter Prozess beschrieben, der es Athleten ermöglicht, zukünftige Ereignisse auf Basis sensorischer Informationen effizient vorherzusagen (Williams & Jackson, 2019)

Die sportwissenschaftliche Forschung hat sich seit vielen Jahren intensiv mit wichtigen latenten und offensichtlichen Hinweisreizen beschäftigt, die für die Antizipation von sportlichen Handlungen gewinnbringend eingesetzt werden können (z. B. Loffing et al., 2014). Eine Vielzahl von Studien beispielsweise zeigt, dass verschiedene Teile des Körpers als antizipationsrelevante Regionen

(*„information-rich areas"*; Magill, 1998) eingeordnet werden können, die dann als Hinweise für nachfolgende Aktionen genutzt werden (z. B. Cauraugh et al., 2002). Die gezielte Verwendung von Hinweisen ermöglicht es Athleten, ihre Aufmerksamkeit auf relevante Bereiche zu lenken, die entscheidende Bewegungsmerkmale enthalten.

Beim Klettern und Bouldern liefern insbesondere die Anzahl, Form und Ausrichtung der Griffe entscheidende Hinweise, die es Athleten ermöglichen, Bewegungsanforderungen frühzeitig zu antizipieren und somit schneller optimale Lösungen zu finden (Medernach & Memmert, 2021). Dies wirkt sich beispielsweise positiv auf die Anzahl der Versuche aus, die Athleten benötigen, um einen Boulder zu lösen (Medernach et al., 2024a). Aktuelle Studien zeigen, dass kognitiv-behaviorale Prozesse während der Routenvorschau mit der Expertise der Athleten zusammenhängen. Überlegene domänenspezifische kognitive Fähigkeiten scheinen daher eine schnellere und bewusstere Erfassung von Wahrnehmungshinweisen, effizientere visuelle Suchstrategien sowie eine bessere Identifikation von repräsentativen Mustern bei Experten zu erklären (Medernach et al., 2024b).

3.2   Wahrnehmung

Die Wahrnehmung spielt im Sport ebenfalls eine zentrale Rolle (Mann et al., 2007). Kletterer müssen beispielsweise in der Lage sein, relevante Aspekte einer Route oder eines Boulders (z. B. Abstand zwischen zwei Griffen, Greifbarkeit eines Griffs) in kürzester Zeit genau zu erfassen, um optimale Entscheidungen treffen zu können. Allgemein beschreibt die Wahrnehmung den Prozess der Aufnahme, der Selektion, sowie der Verarbeitung optischer Reize (Memmert, 2019). Bewusste Wahrnehmungsprozesse auf Basis korrekter Hinweise können mit Blickbewegungsanalysen untersucht werden, um die Wahrnehmungsstrategien von Experten zu ermitteln (z. B. Hüttermann et al., 2017; Kredel et al., 2017). Beispielsweise werden bewusst eingesetzte, jedoch „nicht-korrekte" Wahrnehmungsinformationen gezielt für Täuschungshandlungen genutzt (z. B. Bishop et al., 2013; Güldenpenning et al., 2017). Reize aus der Umwelt können zudem nicht nur bewusst, sondern auch unbewusst verarbeitet werden und so motorische Handlungen beeinflussen (Noel et al., 2015; Masters et al., 2007; Weigelt & Memmert, 2012).

Im Klettersport ist die Wahrnehmung der am intensivsten erforschte kognitive Subprozess. So zeigen aktuelle Untersuchungen, dass erfahrene Kletterer zwar eine kürzere, aber genauere Routenvorschau durchführen und die Kletterbewegungen genauer inspizieren, was zu einer besseren Interpretation der Bewegungsanforderungen führt (Medernach et al., 2024b). In Bezug auf das Blickverhalten während der Routenvorschau zeigen die Ergebnisse aktueller Forschungen auch, dass die Kletterexpertise das Blickverhalten der Kletterer während der Routenvorschau beeinflusst. Erfahrene Kletterer beispielsweise fixieren länger die Griffe, die relevante Informationen liefern, und nehmen mehr Fixierungen an den Griffen vor, die später beim Klettern tatsächlich verwendet werden (Luis-del

Campo et al., 2024). Ähnliche Unterschiede im visuellen Suchverhalten wurden auch bei Klettertrainern unterschiedlicher Leistungsniveaus beobachtet, wobei sich Experten in erster Linie auf relevante Aspekte der Bewegungen der Kletterer konzentrieren und weniger, dafür aber längere Fixierungen verwenden als unerfahrene Trainer (Mitchell et al., 2020).

3.3   Aufmerksamkeit

Auch die Aufmerksamkeit wird als entscheidender Faktor für sportliche Leistungen angesehen (z. B. Memmert, 2009), da sie in nahezu allen Sportarten von grundlegender Bedeutung ist. In Anlehnung an die Spotlight-Metapher (LaBerge, 1983; Posner, 1980) kann die Aufmerksamkeit vereinfacht als ein Scheinwerfer betrachtet werden, der sich umherbewegt und auf verschiedene Ausschnitte des Reizangebots fokussiert werden kann. Neurowissenschaftliche und kognitionspsychologische Befunde (z. B. Coull, 1998; Knudsen, 2007; Mirsky et al., 1991; Van Zomeren & Brouwer, 1994) schlagen eine Aufteilung der Aufmerksamkeit in vier Subprozesse vor: Die Aufmerksamkeitsorientierung, die selektive Aufmerksamkeit, die geteilte Aufmerksamkeit und die Konzentration (Vgl. Tab. 3.1.).

Alle Subprozesse der Aufmerksamkeit können detailliert in Praxisbüchern (Fußball: Memmert, 2019; Tennis: Memmert &2025a Leiner, 2020; Handball und Basketball: Memmert & König, 2021, 2022) oder wissenschaftlichen Publikationen (Coull, 1998; Hüttermann et al., 2013; Furley et al., 2010; Memmert & Furley, 2007) nachgelesen werden. An dieser Stelle ist es ausreichend, zwei zentrale Subprozesse kurz anzudeuten. Die **selektive Aufmerksamkeit** ist der in der Sportwissenschaft am häufigsten untersuchte Faktor. Dieser Subprozess ermöglicht eine gezielte räumliche oder objektbezogene Fokussierung der Aufmerksamkeit zu bestimmten Zeitpunkten oder innerhalb einzelner Zeitfenster. Während der Fokus gezielt auf bestimmte Ereignisse gerichtet wird, werden andere Ereignisse inhibiert, also ausgeblendet. Der Subprozess der **geteilten Aufmerksamkeit** ermöglicht es Athleten, sich auf zwei oder mehrere Informationsquellen gleichzeitig zu konzentrieren.

Tab. 3.1 Definitionen der vier Subprozesse der Aufmerksamkeit (Memmert, 2009; Memmert & Furley, 2012)

Subprozess	Beschreibung
Aufmerksamkeitsorientierung	Das „Einloggen" und „Ausloggen" der Aufmerksamkeit auf einen Stimulus
Selektive Aufmerksamkeit	Wählt zu einem bestimmten Zeitpunkt gezielt zwischen konkurrierenden Stimuli aus
Geteilte Aufmerksamkeit	Simultanes Aufteilen der Aufmerksamkeit auf unterschiedliche Stimuli („Multitasking")
Konzentration	Aufrechterhalten der Aufmerksamkeit auf einen spezifischen Stimulus über eine gewisse Zeitspanne

Eine aktuelle Studie zur Kreativität im Bouldern kam zu dem Ergebnis, dass kreative Kletterlösungen unter anderem durch Unterschiede im Aufmerksamkeitsfokus und eine präzisere Verarbeitung visueller Informationen während der Routenvorschau erklärt werden können (Medernach et al., 2025a). So scheint ein breiter Aufmerksamkeitsfokus vorteilhaft zu sein, um eine Vielzahl von Informationen über die Bewegungsanforderungen von Bouldern wahrzunehmen, wodurch Kletterer vermeiden können, Griffe zu übersehen und somit das Risiko einer Unaufmerksamkeitsblindheit *(Inattentional Blindness)* zu verringern. Dies wiederum erhöht ihre Fähigkeit, kreative Kletterlösungen zu erkennen.

3.4   Kreativität

Die Psychologie arbeitet mit zwei Definitionen kognitiver Denkprozesse, die von einer Forschungsgruppe um Joy Paul Guilford (1967) entwickelt wurden: **Konvergentes** und **divergentes** Denken (Roth, 2005). In konvergenten Denkprozessen werden sogenannte Ideallösungen für das Problem gesucht und angesteuert. Divergente Denkprozesse hingegen generieren eine Vielzahl von Lösungen für die Problemstellung, gerade auch solche, die neu, unerwartet oder überraschend und damit kreativ sind (Vgl. Memmert & Roth, 2007).

Kreativität oder divergentes Denken im Sport bezeichnet somit überraschende, originelle und flexible taktische und motorische Lösungen. Im modernen Klettern und Bouldern können 360°-Drehbewegungen beispielsweise als kreative Lösungen betrachtet werden. Ebenso zählen dazu Kletterbewegungen, bei denen eine Bewegungssequenz auf unkonventionelle Weise gelöst wird, anstatt dem offensichtlichen, oft vom Routenbauer vorgegebenen Weg zu folgen (Medernach et al., 2025a).

Verschiedene methodische Ansätze zur sportartspezifischen Schulung von Kreativität wurden vorgeschlagen, entwickelt und wissenschaftlich evaluiert (Vgl. Memmert, 2012, 2015 für einen Überblick). Auf methodischer Ebene haben die sieben Prinzipien – die sieben D's der Kreativitätsschulung im Sport – erfolgreich Eingang in die Praxis gefunden (Memmert, 2015): (1) *Deliberate-Play* (Côté et al., 2007), (2) *1-Dimension-Games* (Memmert, 2004a,b; Memmert & Roth, 2003), (3) *Diversification* (Memmert, 2006; Memmert & Roth, 2007), (4) *Deliberate-Coaching* (Furley & Memmert, 2005; Memmert, 2005), (5) *Deliberate-Memory* (Furley & Memmert, 2010), (6) *Deliberate-Practice* (Memmert et al., 2010) und (7) *Deliberate-Motivation* (Memmert et al., 2013). Ihre Anordnung ist nicht zufällig, sondern entspricht einer bewusst gewählten chronologischen Reihenfolge: Während die vier ersten Prinzipien besonders für das Kinder- und Jugendtraining geeignet sind, können alle Prinzipien auch im Erwachsenentraining eingesetzt werden.

Die sieben D's lassen sich indirekt auch auf das Klettern und Bouldern übertragen: (1) *Deliberate-Play*, das bewusste und spielerische Ausprobieren von vielseitigen Kletterbewegungen; *1-Dimension-Games*, vereinfachte Klettersequenzen, die gezielt eine taktische oder motorische Fähigkeit isoliert trainieren; *Diversification,* die gezielte Variation von Trainingsinhalten und Bewegungs-anforderungen zur Entwicklung vielseitiger motorischer und kognitiver Fähig-keiten; *Deliberate-Coaching,* die indirekte Anleitung durch den Trainer zur För-derung der Entscheidungsfähigkeit; *Deliberate-Memory,* die Optimierung des Gedächtnisses von Bewegungsabläufen, um in ähnlichen Routen oder Bouldern bessere taktische Entscheidungen treffen zu können; *Deliberate-Practice,* das gezielte Üben spezifischer Kletterbewegungen; und *Deliberate-Motivation,* die Förderung der intrinsischen Motivation durch konstruktives Feedback und Ent-scheidungsfreiheit.

3.5   Spielintelligenz

In Mannschafts- und Rückschlagsportarten bezeichnet man unter taktischer Spiel-intelligenz *(Decision-Making)* oder konvergentem taktischen Denken die Fähig-keit, in spezifischen individuellen, gruppen- oder mannschaftstaktischen Spiel-situationen die bestmögliche Lösung zu finden (Memmert, 2013). Beim Klettern und Bouldern wird dies einfach als Intelligenz bezeichnet (Medernach & Mem-mert, 2021), also die Fähigkeit des Kletterers, die optimale Lösung für eine Route oder einen Boulder zu finden. Die beste Lösung für eine Route oder einen Boul-der hängt von verschiedenen Faktoren ab (z. B. Körpergröße, Fingerkraft) und kann daher individuell unterschiedlich sein. Häufig wird in diesem Zusammen-hang von einer „Beta" oder Kletterstrategie gesprochen, also den spezifischen Entscheidungen und Handlungen eines Athleten. Zahlreiche Studien aus der Be-wegungswissenschaft und Sportpsychologie befassen sich mit diesem Thema und analysieren verschiedene Aspekte der taktischen Intelligenz im Sport (Höner, 2005; Memmert, 2004a,b; Raab, 2001; Roth, 1989, 2005). Einen aktuellen Über-blick über Theorien und Modelle zur taktischen Spielintelligenz bieten König und Memmert (2023).

3.6   Arbeitsgedächtnis

Das Arbeitsgedächtnis spielt eine zentrale Rolle bei der Ausführung kognitiver Aufgaben, da es Informationen (z. B. visueller Input) kurzfristig speichert, ver-arbeitet und koordiniert (Baddeley, 2007). Dies ist besonders wichtig für kom-plexe kognitive Leistungen, da nahezu alle Aufgaben eine temporäre Speiche-rung und Verarbeitung von Informationen erfordern (Engle, 2002). Das Arbeits-gedächtnis spielt im Sport somit eine wichtige Rolle, insbesondere aufgrund seiner Speicher- und Verarbeitungskapazität sowie seiner Funktionsweise (Vgl. Furley & Memmert, 2010 für einen Überblick). Neben dem Arbeitsgedächtnis zur Ver-arbeitung von Kletterbewegungen spielt beim Klettern und Bouldern auch das

Langzeitgedächtnis eine zentrale Rolle (Medernach et al., 2023). Die Fähigkeit des Kletterers, schnell effektive Kletterlösungen zu erkennen, hängt von seinem Repertoire an Kletterbewegungen ab (Medernach et al., 2025b). Dieses Repertoire ermöglicht erfahrenen Kletterern, visuelle Sinneseindrücke schnell zu interpretieren, sinnvolle Bewegungsmuster zu erkennen und Kletterbewegungen zu antizipieren (Henz et al., 2025; Medernach et al., 2024a). In diesem Zusammenhang besagt das Expertise-Verarbeitungs-Paradigma, dass Experten schneller in der Dekodierung sensorischer Informationen und der Interpretation von Kletterbewegungen sind, basierend auf ihrem umfangreichen Repertoire an Kletterbewegungen (Medernach et al., 2024a). Dies führt zu kürzeren Zeiten für die Routenanalyse und Entscheidungsfindung, bevor eine Route oder ein Boulder geklettert wird.

Die Funktionsweise des Arbeitsgedächtnisses, das also Informationen kurzfristig speichert, bearbeitet und strukturiert, hat direkte Auswirkungen auf die Entscheidungen der Athleten (Furley & Memmert, 2013; Medernach et al., 2024a). Aktuelle Studien im Bouldern zeigen, dass die Inhalte des Arbeitsgedächtnisses die Aufmerksamkeit von Athleten beeinflussen und steuern, indem sie die Aufmerksamkeit auf relevante Objekte im visuellen Feld lenken, wie etwa die Anzahl und Orientierung der Klettergriffe (Medernach et al., 2025a). Darüber hinaus konnte gezeigt werden, dass die Kapazität des Arbeitsgedächtnisses Vorhersagen darüber ermöglicht, welche Athleten in der Lage sind, ihre Aufmerksamkeit gezielt zu steuern, indem sie irrelevante Reize ausblenden und Interferenzen vermeiden (Furley & Memmert, 2012; Furley et al., 2010). Eine aktuelle Studie zeigt auch, dass das Arbeitsgedächtnis eine wichtige Rolle für das Griff- und Bewegungsverhalten beim Klettern spielt. Elite-Athleten konnten sich nach der Demonstration einer Bewegungssequenz mehr Griffe und Bewegungen einprägen als weniger erfahrene Athleten (Medernach et al., 2023). Insgesamt unterstreicht die Forschung die Bedeutung des Arbeitsgedächtnisses für komplexe kognitive Leistungen im Sport und deutet darauf hin, dass Training und Entwicklung des Arbeitsgedächtnisses wesentliche Faktoren für die Leistungsfähigkeit von Athleten sein können.

Für alle kognitiven Prozesse gibt es mittlerweile eine Reihe von Testverfahren, die in verschiedenen Projekten am Institut für Trainingswissenschaft und Sportinformatik der Deutschen Sporthochschule Köln entwickelt wurden und angewandt werden (Vgl. Memmert, 2019). Zu diesen gehören der *Attention Window Test* (Hüttermann et al., 2013; Hüttermann et al., 2014), der etablierte Arbeitsgedächtnistest von Conway et al., (2005; im Sport: Furley & Memmert, 2012, 2013), der *Perceptual Load Test* von Beck und Lavie (2005; im Sport: Furley et al., 2013) und der *Multiple Object Tracking Test* (Alvarez & Franconeri, 2005; im Sport: Romeas et al., 2016). Zudem gibt es validierte Videotests (Furley & Memmert, 2015; Memmert, 2010a, 2010b; Memmert et al., 2013) sowie feldnahe Spielteststuationen (Memmert, 2004a, b, 2006, 2010a, b; Memmert & Roth, 2007) zur Erfassung von Spielintelligenz und Kreativität.

Darüber hinaus ist anzumerken, dass die Identifikation, der Transfer und die Wirksamkeit kognitiver Fähigkeiten sowohl in der Sportpsychologie (Furley et al., 2023) als auch in der allgemeinen Psychologie (Hambrick et al., 2019; Simons et al., 2016) ein hochaktuelles Thema darstellen, sich jedoch noch in einer frühen Forschungsphase befinden. So ist die Anzahl der Studien noch begrenzt, die methodische Qualität variiert und nicht alle Studien zeigen einen Zusammenhang zwischen kognitiven Fähigkeiten und sportlicher Leistung auf (Vgl. Furley et al., 2017). Dies bedeutet letztlich: *Further research is needed.*

Literatur

Afshar, M., Arain, E., Ye, C., Gilbert, E., Xie, M., Lee, J., Churpek, M. M., Durazo-Arvizu, R., Markossian, T., & Joyce, C. (2019). Patient Outcomes and Cost-Effectiveness of a Sepsis Care Quality Improvement Program in a Health System. *Critical Care Medicine*, 47(10), 1371–1379.

Alvarez, G. A., & Franconeri, S. L. (2005). How many objects can you track? Evidence for a flexible tracking resource. *Journal of Vision, 5*, 641–641.

Baddeley, A. D. (2007). *Working memory, thought, and action*. Oxford. University Press.

Beck, D. M., & Lavie, N. (2005). Look here but ignore what you see: Effects of distractors at fixation. *Journal of Experimental Psychology: Human Perception and Performance, 31*, 592.

Bishop, D. T., Wright, M. J., Jackson, R. C., & Abernethy, B. (2013). Neural bases for anticipation skill in soccer: An FMRI study. *Journal of Sport & Exercise Psychology, 35*, 98–109.

Bordas, A., & Fruchart, E. (2023). Pacing strategy in trail running: a cognitive subtractive model of the affective balance between effort and pleasure? *Psychology of Sport and Exercise*, 67, 102409.

Cauraugh, J. H., & Janelle, C. M. (2002). Visual search and cue utilisation in racket sports. In K. Davids, G. J. P. Savelsbergh, S. J. Bennett, & J. Van Der Kamp (Hrsg.), *Interceptive Actions in Sport* (S. 64–89). Routledge.

Conway, A. R., Kane, M. J., Bunting, M. F., Hambrick, D. Z., Wilhelm, O., & Engle, R. W. (2005). Working memory span tasks: A methodological review and user's guide. *Psychonomic Bulletin & Review, 12*, 769–786.

Côté, J., Baker, J., & Abernethy, B. (2007). Practice and play in the development of sport expertise. In G. Tenenbaum & R. C. Eklund (Hrsg.), *Handbook of Sport Psychology* (S. 184–202). Wiley.

Coull, J. T. (1998). Neural correlates of attention and arousal: Insights from electrophysiology, functional neuroimaging and psychopharmacology. *Progress in Neurobiology, 55*, 343–361.

Díaz-García, J., García-Calvo, T., López-Gajardo, M. Á., Rubio-Morales, A., & Parraca, J. A. (2023). Physical fatigue exacerbates the negative effects of mental fatigue on soccer performance in practitioners. *European Journal of Human Movement*, 50, 62–69.

Engle, R. W. (2002). Working memory capacity as executive attention Current directions. *Psychological Science, 11*(1), 19–23.

Furley, P., & Memmert, D. (2005). Provozieren vor instruieren! Zur Aufmerksamkeitsfokussierung im Sportspiel. *Sportpraxis, 6*, 22–24.

Furley, P., & Memmert, D. (2010). The role of working memory in sports. *International Review of Sport and Exercise Psychology, 3*, 171–194.

Furley, P., & Memmert, D. (2012). Working memory capacity as controlled attention in tactical decision making. *Journal of Sport and Exercise Psychology, 34*, 322–344.

Furley, P., & Memmert, D. (2013). "Whom should I pass to?" The more options the more attentional guidance from working. *PLoS ONE, 8*, e62278.

Furley, P., & Memmert, D. (2015). Creativity and working memory capacity in sports: Working memory capacity Is not a limiting factor in creative decision making amongst skilled performers. *Frontiers in Psychology, 6*, 115.

Furley, P., Memmert, D., & Heller, C. (2010). The dark side of visual awareness in sport – inattentional blindness in a real-world basketball task. *Attention, Perception & Psychophysics, 72*, 1327–1337.

Furley, P., Memmert, D., & Schmid, S. (2013). Perceptual load in sport and the heuristic value of the perceptual load paradigm in examining expertise-related perceptual-cognitive adaptations. *Cognitive Processing, 14*, 31–42.

Furley, P., Schul, K., & Memmert, D. (2017). Das Experten-Novizen-Paradigma und die Vertrauenskrise in der Psychologie. *Zeitschrift für Sportpsychologie, 23*, 131–140.

Furley, P., Schütz, L. M., & Wood, G. (2023). A critical review of research on executive functions in sport and exercise. *International Review of Sport and Exercise Psychology*, 1–29.

Guilford, J. P. (1967). *The Nature of Human Intelligence*. McGraw-Hill.

Güldenpenning, I., Kunde, W., & Weigelt, M. (2017). How to trick your opponent: A review article on deceptive actions in interactive sports. *Frontier in Psychology, 8*, 917.

Hambrick, D. Z., Burgoyne, A. P., Oswald, F. L. (2019). Domain-general models of expertise: The role of cognitive ability. In Ward, P., Schraagen, J. M., Gore, J., & Roth, E., (Hrsg.), *Oxford handbook of expertise: Research and application*. Oxford UP.

Henz, J., Sanchez, X., Memmert, D., & Medernach, J. P. (2025a). Exploring consumer preferences in indoor climbing gyms: a survey on boulder design. *Managing Sport and Leisure*, 1–18. https://doi.org/10.1080/23750472.2025.2470268.

Höner, O. (2005). *Entscheidungshandeln im Sportspiel Fußball: Eine Analyse im Lichte der Rubikontheorie*. Schorndorf.

Hüttermann, S., Memmert, D., Simons, D. J., & Bock, O. (2013). Fixation strategy influences the ability to focus attention on two spatially separate objects. *PLoS ONE, 8*, e65673.

Hüttermann, S., Noël, B., & Memmert, D. (2017). Evaluating erroneous offside calls in soccer. *PLoS ONE, 12*, e0174358.

Hüttermann, S., Simons, D., & Memmert, D. (2014). The size and shape of the attentional "spotlight" varies with differences in sports expertise. *Journal of Experimental Psychology: Applied, 20*, 147–157.

Hyland-Monks, R., Cronin, L., McNaughton, L., & Marchant, D. (2018). The role of executive function in the self-regulation of endurance performance: a critical review. *Progress in Brain Research*, 240, 353-370.

Knudsen, E. (2007). Fundamental components of attention. *Annual Review of Neuroscience, 30*, 57–78.

König, S., & Memmert, D. (2023). Taktik und Taktiktraining im Sport – Anwendungsbereiche, Diagnostik, Trainingsformen, Organisation, Methoden, Anpassungen. In M. Fröhlich & A. Güllich (Hrsg.), *Sportmotorik, Bewegung und Training* (S. 947–963). Springer.

Kredel, R., Vater, C., Klostermann, A., & Hossner, E. (2017). Eye-tracking technology and the dynamics of natural gaze behavior in sports: A systematic review of 40 years of research. *Frontiers in Psychology, 8*, 1–15.

Künzell, S., Thomiczek, J., Winkler, M., & Augste, C. (2021). Finding new creative solutions is a key component in world-class competitive bouldering. *German Journal of Exercise and Sport Research, 51*, 112–115. https://doi.org/10.1007/s12662-020-00680-9.

LaBerge, D. (1983). Spatial extent of attention to letters and words. *Journal of Experimental Psychology: Human Perception and Performance, 9*(3), 371–379. https://doi.org/10.1037/0096-1523.9.3.371.

Loffing, F., Cañal-Bruland, R., & Hagemann, N. (2014). Antizipationstraining im Sport. In K. Zentgraf, & J. Munzert (Hrsg.). *Kognitives Training im Sport* (S. 137–161). Hogrefe.

Magill, R. A. (1998). Knowledge is more than we can talk about: Implicit learning in motor skill acquisition. *Research Quarterly for Exercise and Sport, 69*, 104–110.

Mancı, E., Herold, F., Günay, E., Güdücü, Ç., Müller, N. G., & Bediz, C. Ş. (2023). The influence of acute sprint interval training on the cognitive performance of male basketball players: an investigation of expertise-related differences. *International Journal of Environmental Research and Public Health, 20*(6), 4719.

Mann, D. T., Williams, A. M., Ward, P., & Janelle, C. M. (2007). Perceptual-cognitive expertise in sport: A meta-analysis. *Journal of Sport & Exercise Psychology, 29*, 457–478.

Masters, R. S. W., van der Kamp, J., & Jackson, R. C. (2007). Imperceptibly off-center goalkeepers influence penalty-kick direction in soccer. *Psychological Science, 18*, 222–223.

Medernach, J. P., & Memmert, D. (2021). Effects of decision-making on indoor bouldering performances: A multi-experimental study approach. *PLoS ONE, 16*(5), 1–26. https://doi.org/10.1371/journal.pone.0250701.

Medernach, J. P., Henz, J., & Memmert, D. (2023). Mechanisms underlying superior memory of skilled climbers in indoor bouldering. *Journal of Sports Sciences, 41*(20), 1837–1844. https://doi.org/10.1080/02640414.2023.2300569.

Medernach, J. P., Henz, J., Memmert, D., & Sanchez, X. (2024a). Role of strategic planning in climbing performance: The case of Olympic bouldering. *Sport, Exercise, and Performance Psychology*. Advance online publication. https://doi.org/10.1037/spy0000369.

Medernach, J. P., Sanchez, X., Henz, J., & Memmert, D. (2024b). Cognitive-behavioural processes during route previewing in bouldering. *Psychology of Sport and Exercise*, 102654. https://doi.org/10.1016/j.psychsport.2024.102654.

Medernach, J. P., Augste, C., Henz, J., Künzell, S., Memmert, D., & Sanchez, X. (2025a). Creativity in olympic bouldering: Exploring the role of climbing level and route previewing. *Psychology in Sports and Exercises* (submitted).

Medernach, J. P., Henz, J., Memmert, D., & Sanchez, X. (2025b). Decision-making and climbing performance under time constraints in Olympic bouldering. *Journal of Sports Sciences, 43*(4), 402–409. https://doi.org/10.1080/02640414.2025.2459998.

Memmert, D. (2004a). *Kognitionen im Sportspiel*. Sport & Buch Strauß.

Memmert, D. (2004b). Ein Forschungsprogramm zur Validierung sportspielübergreifender Basistaktiken. *Sportwissenschaft, 34*(3), 341–354.

Memmert, D. (2005). Komplextraining. In A. Hohmann, M. Kolb & K. Roth (Hrsg.), *Handbuch Sportspiel* (S. 359–364). Hofmann.

Memmert, D. (2006). Wann soll man spezialisieren? – Kreativität als Indikator auf der 1. und 2. Stufe des MSIL. In K. Weber, D. Augustin, P. Maier & K. Roth (Hrsg.). *Wissenschaftlicher Transfer für die Praxis: Ausbildung – Training – Wettkampf* (S. 59–64). Sport & Buch Strauß.

Memmert, D. (2009). Pay attention! A review of attentional expertise in sport. *International Review of Sport & Exercise Psychology, 2*, 119–138.

Memmert, D. (2010a). Creativity, expertise, and attention: Exploring their development and their relationships. *Journal of Sport Science, 29*, 93–104.

Memmert, D. (2010b). Testing of tactical performance in youth elite soccer. *Journal of Sports Science & Medicine, 9*, 199–205.

Memmert, D. (2013). Leistungsfaktoren im Sportspiel. In A. Güllich & M. Krüger (Hrsg.), *Sport – Das Lehrbuch für das Sportstudium* (S. 561–562). Springer.

Memmert, D. (2015). *Teaching tactical creativity in team and racket sports: Research and practice*. Routledge.

Memmert, D. (2017a). Tactical creativity in sport. In J. Kaufman, V. Glăveanu, & J. Baer (Hrsg.), *The Cambridge Handbook of Creativity across Domains* (S. 479–491). Cambridge University Press.

Memmert, D. (2017b). Sports and creativity. M. A. Runco & S. R. Pritzker (Hrsg.) *Encyclopedia of Creativity*, (2. Auf.), (S. 373–378). Academic Press.

Memmert, D. (2019). *Fußballspiele werden im Kopf entschieden: Kognitives Training, Kreativität und Spielintelligenz im Amateur- und Leistungsbereich*. Meyer & Meyer.

Memmert, D., & Furley, P. (2007). "I spy with my little eye!" – Breadth of attention, inattentional blindness, and tactical decision making in team sports. *Journal of Sport & Exercise Psychology, 29*, 365–347.

Memmert, D., & Furley, P. (2012). Aufmerksamkeit. M. Krüger & A. Güllich (Hrsg.), *Bachelor-Kurs Sport. Ein Lehrbuch für das Studium der Sportwissenschaft.* Springer-Verlag.

Memmert, D., & König, S. (2021). *Handballspiele werden im Kopf entschieden: Kognitives Training, Kreativität und Spielintelligenz im Amateur-und Leistungsbereich.* Meyer & Meyer.

Memmert, D., & König, S. (2022). *Basketballspiele werden im Kopf entschieden: Kognitives Training, Kreativität und Spielintelligenz im Amateur- und Leistungsbereich.* Meyer & Meyer.

Memmert, D., & Leiner, S. (2020). *Tennisspiele werden im Kopf entschieden: Kognitives Training, Kreativität und Spielintelligenz im Amateur- und Leistungsbereich.* Meyer & Meyer.

Memmert, D., & Roth, K. (2003). Individualtaktische Leistungsdiagnostik im Sportspiel. *Spektrum der Sportwissenschaft, 15*, 44–70.

Memmert, D., & Roth, K. (2007). The effects of non-specific and specific concepts on tactical creativity in team ball sports. *Journal of Sports Sciences, 25*, 1423–1432.

Memmert, D., Baker, J., & Bertsch, C. (2010). Play and practice in the development of sport-specific creativity in team ball sports. *High Ability Studies, 21*, 3–18.

Mirsky, A. F., Anthony, B. J., Duncan, C. C., Ahearn, M. B., & Kellam, S. G. (1991). Analysis of the elements of attention: A neuropsychological approach. *Neuropsychological Review, 2*, 109–145.

Mitchell, J., Maratos, F. A., Giles, D., Taylor, N., Butterworth, A., & Sheffield, D. (2020). The visual search strategies underpinning effective observational analysis in the coaching of climbing movement. *Frontiers in Psychology, 11*(1025), 1–8. https://doi.org/10.3389/fpsyg.2020.01025.

Posner, M. I. (1980). Orienting of attention. *The Quarterly Journal of Experimental Psychology, 32*(1), 3–25. https://doi.org/10.1080/00335558008248231.

Raab, M. (2001). *SMART. Techniken des Taktiktrainings. Taktiken des Techniktrainings.* Strauß.

Ren, Y., & Wang, C. (2022). Effects of perceptual-cognitive tasks on inter-joint coordination of soccer players and ordinary college students. *Frontiers in Psychology, 13*, 892118.

Romeas, T., Guldner, A., & Faubert, J. (2016). 3D-Multiple Object Tracking training task improves passing decision-making accuracy in soccer players. *Psychology of Sport and Exercise, 22*, 1–9.

Roth, K. (1989). *Taktik im Sportspiel: Zum Erklärungswert der Theorie generalisierter motorischer Programme für die Regulation komplexer Bewegungshandlungen.* Hofmann.

Roth, K. (2005). Taktiktraining. In A. Hohmann, M. Kolb & K. Roth (Hrsg.), *Handbuch Sportspiel* (S. 342–349). Hofmann.

Roth, K., & Hossner, E. J. (1999). Die funktionalen Betrachtungsweisen. In K. Roth & K. Willimczik (Hrsg.), *Bewegungswissenschaft* (S. 127–225). Rowohlt.

Sanchez, X., Torregrossa, M., Woodman, T., Jones, G., & Llewellyn, D. J. (2019). Identification of parameters that predict sport climbing performance. *Frontiers in Psychology, 10*(1294), 1–10. https://doi.org/10.3389/fpsyg.2019.01294.

Scharfen, E., & Memmert, D. (2019). Measurement of cognitive functions in experts and elite-athletes: A meta-analytic review. *Applied Cognitive Psychology, 3*, 843–860.

Simons, D. J., Boot, W. R., Charness, N., Gathercole, S. E., Chabris, C. F., Hambrick, D. Z., & Stine-Morrow, E. A. (2016). Do "brain-training" programs work? *Psychological Science in the Public Interest, 17*, 103–186.

Staiano, W., Bosio, A., de Morree, H. M., Rampinini, E., & Marcora, S. (2018). The cardinal exercise stopper: muscle fatigue, muscle pain or perception of effort?. *Progress in Brain Research*, 240, 175-200.

Suárez-Arrones, L. J., De Alba, B., Röll, M., Torreno, I., Strütt, S., Freyler, K., & Ritzmann, R. (2020). Player monitoring in professional soccer: Spikes in acute:chronic workload are dissociated from injury occurrence. *Frontiers in Sports and Active Living*, 2, Article 75.

Van Zomeren, A. H., & Brouwer, W. H. (1994). *Clinical neuropsychology of attention*. Oxford University Press.

Voss, M. W., Kramer, A. F., Basak, C., Prakash, R. S., & Roberts, B. (2010). Are expert athletes 'expert' in the cognitive laboratory? A metaanalytic review of cognition and sport expertise. *Applied Cognitive Psychology, 24*, 812–826.

Weigelt, M., Memmert, D., & Schack, T. (2012). Kick it like Ballack: The effects of goalkeeping gestures on goal-side selection in experienced soccer players and soccer novices. *Journal of Cognitive Psychology, 24*, 942–956.

Williams, A. M., & Jackson, R. C. (Hrsg.). (2019). Anticipation and decision making in sport. Routledge.

Kognitives Athletiktraining im Sport

4

"Among multiple determinants of climbing performance, success is associated with climbers' strategic planning abilities relative to climbing movements, their physical constraints, and their motor skills. Similar to chess players or musicians, an extensive repertoire of climbing movements seems to account for more suitable climbing strategies, less time to generate climbing strategies, and fewer adjustments to initial climbing strategies among successful competitors." (Medernach et al., 2024).

Welche Möglichkeiten gibt es nun zur Kombination von athletischem und kognitivem Training? In diesem Zusammenhang wird in der Sportwissenschaft zunehmend eine Diskussion über psychologische und kognitive Prozesse beim Athletiktraining geführt. Die Energiebereitstellung bei Ausdauerleistungen beispielsweise erfolgt nicht unbedingt konstant über die gesamte Dauer oder Distanz, sondern wird vielmehr selbstregulierend über die erwartete Distanz verteilt, um eine vorzeitige Erschöpfung und einen damit verbundenen Leistungsabbruch zu vermeiden (Bordas et al., 2023). Für diesen Prozess hat sich der Begriff „*Pacing*" etabliert (Swain et al., 2020). Dabei handelt es sich um einen kontinuierlichen, internen Abgleich zwischen der erwarteten Belastung, früheren Erfahrungen und sensorischem Feedback während der Belastung (Swain et al., 2020). Zurzeit werden verschiedene Modelle zur Erklärung von *Pacing*-Strategien vorgeschlagen und in der Wissenschaft diskutiert (Casado et al., 2021).

An dieser Stelle des Buchs wird nachfolgend ein modulares Trainingskonzept vorgestellt, das kognitiven Prozessen mit konditionellen Komponenten verbindet. Dazu werden zunächst auf Basis der in den Kapiteln 2 und 3 beschriebenen Grundlagen für beide Bereiche die vorhandenen Studien in einer 6×4-Matrix zusammengestellt (siehe Tab. 4.1.).

Folgende Ergebnisse springen ins Auge: Erstens wurden für die 24 Zellen insgesamt 180 Studien gefunden; das sind im Mittel 7,5 Publikationen pro Zelle. Der

© Der/die Autor(en), exklusiv lizenziert an Springer-Verlag GmbH, DE, ein Teil von Springer Nature 2025
D. Memmert und J. Medernach, *Kognitives Athletiktraining im Klettern und Bouldern*, Kognitives Athletiktraining, https://doi.org/10.1007/978-3-662-71809-4_4

Tab. 4.1 Ein modulares 6 × 4-Konzept für ein kognitives Athletiktraining im Sport

Athletik/ Kognitio- nen	Schnelligkeit (46)	Ausdauer (61)	Koordination (57)	Kraft (16)
Antizipation (40)	Wilke und Vogel (2020), Trecroci et al. (2021), Büchel et al. (2022), Smith et al. (2014), Lucia et al. (2021), Bekris et al. (2023), Staiano et al. (2022), Diaz-Garcia et al. (2023), Suarez et al. (2020), Scharfen und Memmert (2021a) (10)	Brown et al. (2020), McMorris (2020), Hyland-Monks (2018), Smith et al. (2014), Smith et al. (2015), Pageaux et al. (2014), Staiano et al. (2023), Dallaway et al. (2020), Miyamoto et al. (2022), Scudder et al. (2016), Ceylan und Saygin (2018), Boat et al. (2020), Chaire et al. (2020), Chacko et al. (2019), Formenti et al. (2020) (15)	Wilke und Vogel (2020), Brown et al. (2020), Smith et al. (2015), Lucia et al. (2021), Bekris et al. (2023), Diaz-Garcia et al. (2023), Formenti et al. (2019), Scharfen und Memmert (2021a), Romeas et al. (2019), Ren et al. (2022), Formenti et al. (2020) (11)	Trecroci et al. (2021), Brown et al. (2020), McMorris (2020), Staiano et al. (2023) (4)
Wahr- nehmung (53)	Wilke und Vogel (2020), Trecroci et al. (2021), Büchel et al. (2022), Smith et al. (2014), Moreira et al. (2021), Lucia et al. (2021), Bekris et al. (2023), Staiano et al. (2022) Diaz-Garcia et al. (2023), Suarez et al. (2020), Scharfen und Memmert (2021a), Porter et al. (2015), Manci et al. (2023) (13)	Scharfen und Memmert (2021b), Brown et al. (2020), McMorris (2020), Pageaux und Lepers (2018), Hyland-Monks (2018), Smith et al. (2014), Smith et al. (2015), Pageaux et al. (2014), Staiano et al. (2023), Dallaway et al. (2020), Staiano et al. (2022), Miyamoto et al. (2022), Alves et al. (2013), Scudder et al. (2016), Chaire et al. (2020), Chacko et al. (2019), Formenti et al. (2020), Altermann und Gröpel (2023) (18)	Policastro et al. (2018), Wilke und Vogel (2020), Brown et al. (2020), Pageaux und Lepers (2018), Smith et al. (2015), Moreira et al. (2021), Lucia et al. (2021), Bekris et al. (2023), Diaz-Garcia et al. (2023), Formenti et al. (2019), Afshar et al. (2019), Scharfen und Memmert (2021a), Romeas et al. (2019), Ren et al. (2022), Formenti et al. (2020), Rogge et al. (2017), Latino et al. (2021) (17)	Trecroci et al. (2021), Brown et al. (2020), McMorris (2020), Staiano et al. (2023), Grgic und Mikulic (2021) (5)

(Fortsetzung)

Tab. 4.1 (Fortsetzung)

Athletik/ Kognitionen	Schnelligkeit (46)	Ausdauer (61)	Koordination (57)	Kraft (16)
Aufmerksamkeit (58)	Wilke und Vogel (2020), Trecroci et al. (2021), Büchel et al. (2022), Smith et al. (2014), Moreira et al. (2021), Lucia et al. (2021), Bekris et al. (2023), Staiano et al. (2022), Diaz-Garcia et al. (2023), Suarez et al. (2020), Scharfen und Memmert (2021a), Porter et al. (2015), Herold et al. (2022), Manci et al. (2023), Huertas et al. (2011) (15)	Scharfen und Memmert (2021b), Brown et al. (2020), McMorris (2020), Pageaux und Lepers (2018), Hyland-Monks (2018), Smith et al. (2014), Smith et al. (2015), Pageaux et al. (2014), Staiano et al. (2023), Dallaway et al. (2020), Staiano et al. (2022), Miyamoto et al. (2022), Alves et al. (2013), Scudder et al. (2016), Chaire et al. (2020), Chacko et al. (2019), Formenti et al. (2020), Altermann und Gröpel (2023) (18)	Policastro et al. (2018), Scharfen und Memmert (2019b), Wilke und Vogel (2020), Brown et al. (2020), Pageaux und Lepers (2018), Smith et al. (2015), Moreira et al. (2021), Lucia et al. (2021), Bekris et al. (2023), Diaz-Garcia et al. (2023), Formenti et al. (2019), Afshar et al. (2019), Scharfen und Memmert (2021a), Romeas et al. (2019), Ren et al. (2022), Formenti et al. (2020), Rogge et al. (2017), Latino et al. (2021), Altermann und Gröpel (2023) (19)	Trecroci et al. (2021), Brown et al. (2020), McMorris (2020), Staiano et al. (2023), Grgic und Mikulic (2021), Altermann und Gröpel (2023) (6)
Kreativität (4)	Colzato et al. (2013) (1)	Aga et al. (2021), Colzato et al. (2013) (2)	Colzato et al. (2013) (1)	(0)
Intelligenz (6)	Colzato et al. (2013) (1)	Pageaux und Lepers (2018), Aga et al. (2021), Colzato et al. (2013) (3)	Pageaux und Lepers (2018), Colzato et al. (2013) (2)	(0)

(Fortsetzung)

Tab. 4.1 (Fortsetzung)

Athletik/ Kognitionen	Schnelligkeit (46)	Ausdauer (61)	Koordination (57)	Kraft (16)
Arbeitsgedächtnis (19)	Scharfen und Memmert (2021b), Wilke und Vogel (2020), Moreira et al. (2021), Herold et al. (2022), Manci et al. (2023), Huertas et al. (2011) (6)	Scharfen und Memmert (2021b), Pageaux und Lepers (2018), Hyland-Monks (2018), Scudder et al. (2016), Chaire et al. (2020) (5)	Policastro et al. (2018), Scharfen und Memmert (2019), Wilke und Vogel (2020), Pageaux und Lepers (2018), Moreira et al. (2021), Rogge et al. (2017), Latino et al. (2021) (7)	Scharfen und Memmert (2021b) (1)

Themenbereich befindet sich somit noch in einer frühen Phase, sodass künftig weitere Studien erforderlich sind, um fundiertere Aussagen treffen zu können. Zukünftig bedarf es insbesondere experimenteller Längsschnittstudien anstelle korrelativer Querschnittsuntersuchungen, um von korrelativen Ergebniszusammenhängen zu belastbaren kausalen Aussagen zu gelangen. Darüber hinaus ist davon auszugehen, dass nicht sämtliche Teilbereiche vollständig erforscht werden können. Zweitens bleibt festzuhalten, dass nicht alle Teilbereiche gleichermaßen erforscht sind. Insbesondere im Kontext von Intelligenz und Kreativität existieren bislang nur wenige Studien, die deren Beziehung zu athletischen Faktoren thematisieren. Drittens muss festgestellt werden, dass der Großteil der Studien den Effekt von körperlicher Aktivität bzw. Training (z. B. Laufleistung) auf kognitive Fähigkeiten (z. B. Aufmerksamkeit) zeigen (z. B. Propriozeption-Training auf die Verbesserung der Wahrnehmung). Viertens gibt es nur wenige Studien die zeigen, dass kognitive Leistungen mit Kraft zusammenhängen. Fünftens ist noch ungeklärt, welche Mechanismen oder Modelle sich insgesamt für die Zusammenhänge in den einzelnen Zellen verantwortlich zeigen könnten (Vgl. Staiano, 2018). Es fehlt somit an Evidenz, dass bessere kognitive Leistungen auch zu besseren athletischen Kompetenzen führen können. Eine Ausnahme bildet die etwas robustere Befundlage, die „Mental Fatigue" und dessen Einfluss auf physische Parameter untersucht (z. B. Brown et al., 2020; Hyland-Monks et al., 2018; McMorris, 2020; Pageaux & Lepers, 2018).

An dieser Stelle können nicht alle 180 Studien im Detail diskutiert werden; für eine kompakte Übersicht sei auf die Abschlussarbeit von Bayer (2024) verwiesen. Exemplarisch wird hier eine Studie für technisch-koordinative Aufgaben im Sport vorgestellt. So zeigte eine Querschnittsstudie von Scharfen und Memmert (2019) mit hochtalentierten Nachwuchsleistungsfußballern, dass ein weites Aufmerksamkeitsfenster bei komplexen motorischen Fähigkeiten wie dem Dribbeln von Vorteil sein kann. Auch eine reduzierte Ablenkbarkeit steht mit einer höheren Sprintfähigkeit in Zusammenhang (Vgl. McMorris, 2020), während ein stärker ausgeprägtes Arbeitsgedächtnis potenziell förderlich für Ballkontrolle und Dribbling ist. Auch wenn das Potenzial des kognitiven Athletiktrainings bisher kaum empirisch erforscht ist, zeigt die Trainingspraxis – auch im Klettern und Bouldern –, dass seit einigen Jahren vermehrt Übungs- und Spielformen mit kognitiven Zusatzaufgaben kombiniert werden. Eine erste empirische Studie in diese Richtung wurde kürzlich im Bouldern durchgeführt, bei der Athleten die Aufgabe hatten, sich ausgewählte Griffe und Bewegungen an einer Systemwand mit zahlreichen Griffen während der Routenvorschau einzuprägen (Medernach et al., 2023). Die tatsächliche Kopplung von motorischer Ausführung und kognitiven Zusatzaufgaben ist beim Klettern und Bouldern jedoch noch unerforscht.

Literatur

Aga, K., Inamura, M., Chen, C., Hagiwara, K., Yamashita, R., Hirotsu, M., Seki, T., Takao, A., Fujii, Y., Matsubara, T., & Nakagawa, S. (2021). The effect of acute aerobic exercise on divergent and convergent thinking and its influence by mood. *Brain Sciences, 11*(5), 546.

Altermann, W., & Gröpel, P. (2023). Effects of acute endurance, strength, and coordination exercise interventions on attention in adolescents: A randomized controlled study. *Psychology of Sport and Exercise, 64*, Article 102300.

Alves, H., Voss, M. W., Boot, W. R., Deslandes, A., Cossich, V., Salles, J. I., & Kramer, A. F. (2013). Perceptual-cognitive expertise in elite volleyball players. *Frontiers in Psychology, 4*,. https://doi.org/10.3389/fpsyg.2013.00036

Bayer, A. (2024). *Kognitives Training in den Spielsportarten: Wechselwirkungen und Effekte von kognitivem Training auf die athletischen Aspekte.* BA-Arbeit. Deutsche Sporthochschule Köln.

Bekris, E., Gioldasis, A., Souglis, A., Zacharakis, E. & Smirniotou, A. (2023). Enhancing soccer-speci motor skills through visual training: A quasi-experimental study in young soccer players. *Baltic Journal of Sport and Health Sciences, 2*(129), 28–38. https://doi.org/10.33607/bjshs.v2i129.1381

Boat, R., Morris, M., & Duncan, M. J. (2020). Effects of exercise intensity on anticipation timing performance during a cycling task at moderate and vigorous intensities in children aged 7–11 years. *European Journal of Sport Science, 20*(4), 525–533.

Bordas, A., & Fruchart, E. (2023). Pacing strategy in trail running: a cognitive subtractive model of the affective balance between effort and pleasure? *Psychology of Sport and Exercise, 67*, 102409.

Brown, D. M., Graham, J. D., Innes, K. I., Harris, S., Flemington, A., & Bray, S. R. (2020). Effects of prior cognitive exertion on physical performance: A systematic review and meta-analysis. *Sports Medicine.*

Büchel, D., Gokeler, A., Heuvelmans, P., & Baumeister, J. (2022). Increased cognitive demands affect agility performance in female athletes – implications for testing and training of agility in team ball sports. *Perceptual and Motor Skills, 129*(4), 1074–1088. https://doi.org/10.1177/00315125221108698

Casado, A., Hanley, B., Jiménez-Reyes, P., & Renfree, A. (2021). Pacing profiles and tactical behaviors of elite runners. *Journal of Sport and Health Science, 10*(5), 537–549.

Ceylan, H. I., & Saygin, O. (2018). Acute effect of various exercise intensities on cognitive performance. *European Journal of Physical Education and Sport Science.*

Chacko, S. C., Quinzi, F., De Fano, A., Bianco, V., Mussini, E., Berchicci, M., Perri, R. L., & Di Russo, F. (2019). A single bout of vigorous-intensity aerobic exercise affects reactive, but not proactive cognitive brain functions. *International Journal of Psychophysiology, 147*, 233–243. https://doi.org/10.1016/j.ijpsycho.2019.12.003

Chaire, A., Becke, A., & Düzel, E. (2020). Effects of physical exercise on working memory and attention-related neural oscillations. *Frontiers in Neuroscience, 14*, Article 500793.

Colzato, L. S., Szapora Ozturk, A., Pannekoek, J. N., & Hommel, B. (2013). The impact of physical exercise on convergent and divergent thinking. *Frontiers in Human Neuroscience, 7*, 824.

Dallaway, N., Lucas, S. J., & Ring, C. (2020). Concurrent brain endurance training improves endurance exercise performance. *Journal of Science and Medicine in Sport, 24*(4), 405–411. https://doi.org/10.1016/j.jsams.2020.10.008

Díaz-García, J., García-Calvo, T., López-Gajardo, M. Á., Rubio-Morales, A., & Parraca, J. A. (2023). Physical fatigue exacerbates the negative effects of mental fatigue on soccer performance in practitioners. *European Journal of Human Movement, 50*, 62–69.

Formenti, D., Cavaggioni, L., Duca, M., Trecroci, A., Rapelli, M., Alberti, G., Komar, J., & Iodice, P. (2020). Acute effect of exercise on cognitive performance in middle-aged adults: Aerobic versus balance. *Journal of Physical Activity and Health, 17*(8), 773–780.

Formenti, D., Duca, M., Trecroci, A., Ansaldi, L., Bonfanti, L., Alberti, G. & Iodice, P. (2019). Perceptual vision training in non-sport-specific context: Effect on performance skills and cognition in young females. *Scientific Reports, 9*(1). https://doi.org/10.1038/s41598-019-55252-1

Grgic, J., & Mikulic, P. (2021). Effects of attentional focus on muscular endurance: A meta-analysis. *International Journal of Environmental Research and Public Health, 19*(1), 89.

Herold, F., Behrendt, T., Meißner, C., Müller, N. G., & Schega, L. (2022). The influence of acute sprint interval training on cognitive performance of healthy younger adults. *International Journal of Environmental Research and Public Health, 19*(1), 613.

Huertas, F., Zahonero, J., Sanabria, D., & Lupiáñez, J. (2011). Functioning of the attentional networks at rest vs. during acute bouts of aerobic exercise. *Journal of Sport and Exercise Psychology, 33*(5), 649–665.

Hyland-Monks, R., Cronin, L., McNaughton, L., & Marchant, D. (2018). The role of executive function in the self-regulation of endurance performance: A critical review. *Progress in Brain Research, 240*, 353–370.

Latino, F., Cataldi, S., & Fischetti, F. (2021). Effects of a coordinative ability training program on adolescents' cognitive functioning. *Frontiers in Psychology, 12*, Article 620440.

Lucia, S., Bianco, V., Boccacci, L., & Di Russo, F. (2021). Effects of a cognitive-motor training on anticipatory brain functions and sport performance in semi-elite basketball players. *Brain Sciences, 12*(1), 68. https://doi.org/10.3390/brainsci12010068

McMorris, T. (2020). Cognitive fatigue effects on physical performance: The role of interoception. *Sports Medicine, 50*(10), 1703–1708.

Medernach, J. P., Henz, J., & Memmert, D. (2023). Mechanisms underlying superior memory of skilled climbers in indoor bouldering. *Journal of Sports Sciences, 41*(20), 1837–1844. https://doi.org/10.1080/02640414.2023.2300569

Medernach, J. P., Henz, J., Memmert, D., & Sanchez, X. (2024). Role of strategic planning in climbing performance: The case of Olympic bouldering. *Sport, Exercise, and Performance Psychology*. Advance online publication. https://doi.org/10.1037/spy0000369

Miyamoto, T., Sotobayashi, D., Ito, G., Kawai, E., Nakahara, H., Ueda, S., Toyama, T., Saku, K., Nakanishi, Y., & Kinoshita, H. (2022). Physiological role of anticipatory cardiorespiratory responses to exercise. *Physiological Reports, 10*(5), e15210

Moreira, P. E. D., De Oliveira Dieguez, G. T., Bredt, D. G. T., & S. & Praça, G. M. (2021). The acute and chronic effects of dual-task on the motor and cognitive performances in athletes: A systematic review. *International Journal of Environmental Research and Public Health, 18*(4), 1732. https://doi.org/10.3390/ijerph18041732

Pageaux, B., & Lepers, R. (2018). The effects of mental fatigue on sport-related performance. *Progress in Brain Research, 240*, 291–315.

Pageaux, B., Lepers, R., Dietz, K. C., & Marcora, S. M. (2014). Response inhibition impairs subsequent self-paced endurance performance. *European Journal of Applied Physiology, 114*(5), 1095–1105. https://doi.org/10.1007/s00421-014-2838-5

Policastro, F., Accardo, A., Marcovich, R., Pelamatti, G., & Zoia, S. (2018). Relation between motor and cognitive skills in Italian basketball players aged between 7 and 10 years old. *Sports, 6*(3), 80. https://doi.org/10.3390/sports6030080

Porter, J. M., Wu, W. F., Crossley, R. M., Knopp, S. W., & Campbell, O. C. (2015). Adopting an external focus of attention improves sprinting performance in low-skilled sprinters. *The Journal of Strength & Conditioning Research, 29*(4), 947–953.

Rogge, A. K., Röder, B., Zech, A., Nagel, V., Hollander, K., Braumann, K. M., & Hötting, K. (2017). Balance training improves memory and spatial cognition in healthy adults. *Scientific Reports, 7*(1), 5661.

Romeas, T., Chaumillon, R., Labbé, D., & Faubert, J. (2019). Combining 3D-MOT with sport decision-making for perceptual-cognitive training in virtual reality. *Perceptual and Motor Skills, 126*(5), 922–948. https://doi.org/10.1177/0031512519860286

Scharfen, E. & Memmert, D. (2019). The relationship between cognitive functions and sport-specific motor skills in elite youth soccer players. *Frontiers in Psychology – Movement Science & Sport Psychology.* 10(APR), 817.

Scharfen, H., & Memmert, D. (2021a). Fundamental relationships of executive functions and physiological abilities with game intelligence, game time and injuries in elite soccer players. *Applied Cognitive Psychology, 35*(6), 1535–1546.

Scharfen, H.-E., & Memmert, D. (2021b). Relationship of executive functions and physical abilities in elite soccer players. *German Journal of Exercise and Sport Research*, September.

Scudder, M. R., Drollette, E. S., Szabo-Reed, A. N., Lambourne, K., Fenton, C. I., Donnelly, J. E., & Hillman, C. H. (2016). Tracking the relationship between children's aerobic fitness and cognitive control. *Health Psychology, 35*(9), 967.

Smith, M. R., Coutts, A. J., Merlini, M., Deprez, D., Lenoir, M., & Marcora, S. M. (2015). Mental fatigue impairs soccer-specific physical and technical performance. *Medicine & Science in Sports & Exercise, 48*(2), 267–276. https://doi.org/10.1249/mss.0000000000000762

Smith, M. R., Marcora, S. M., & Coutts, A. J. (2014). Mental fatigue impairs intermittent running performance. *Medicine & Science in Sports & Exercise, 47*(8), 1682–1690. https://doi.org/10.1249/mss.0000000000000592. 10.1249/mss.0000000000000592.

Staiano, W., Bonet, L. R. S., Romagnoli, M., & Ring, C. (2023). Mental fatigue: The cost of cognitive loading on weight lifting, resistance training, and cycling performance. *International Journal of Sports Physiology and Performance, 18*(5), 465–473. https://doi.org/10.1123/ijspp.2022-0356

Staiano, W., Merlini, M., Romagnoli, M., Kirk, U., Ring, C., & Marcora, S. (2022). Brain endurance training improves physical, cognitive, and multitasking performance in professional football layers. *International Journal of Sports Physiology and Performance, 17*(12), 1732–1740. https://doi.org/10.1123/ijspp.2022-0144

Swain, P., Biggins, J., & Gordon, D. (2020). Marathon pacing ability: Training characteristics and previous experience. *European Journal of Sport Science, 20*(7), 880–886.

Trecroci, A., Duca, M., Cavaggioni, L., Rossi, A., Scurati, R., Longo, S., Merati, G., Alberti, G., & Formenti, D. (2021). Relationship between cognitive functions and sport-specific physical performance in youth volleyball players. *Brain Sciences, 11*(2), 227. https://doi.org/10.3390/brainsci11020227

Wilke, J. & Vogel, O. (2020). Computerized cognitive training with minimal motor component improves lower limb choice-reaction time. *Journal of Sports Science and Medicine, 19*(3), 529–534. https://www.jssm.org/hfpdf.php?volume=19&issue=3&page=529

Teil II
Praxisteil

Vorbemerkungen

5

In den nachfolgenden Übungsformen werden jeweils ein kognitiver Aspekt (z. B. Antizipation) mit einem konditionellen Faktor (z. B. Ausdauer) kombiniert. Für jede Kombination werden exemplarisch drei Übungen vorgestellt. Zur besseren Verständlichkeit und erfolgreichen Umsetzung der Übungsformen werden an dieser Stelle des Buches vorab einige wichtige Punkte erläutert.

5.1 Material

Die Übungen wurden bewusst so gewählt, dass sie prinzipiell in nahezu jeder modernen Kletterhalle umgesetzt werden können. Insbesondere bei den Materialien wurde darauf geachtet, dass für die meisten Übungsformen keine zusätzliche Ausrüstung erforderlich ist oder auf kostengünstiges Material zurückgegriffen werden kann. Ein Laserpointer zum Anzeigen der Griffe ist bei vielen Übungsformen hilfreich. Einige Übungen werden bewusst an speziellen Trainingsgeräten (z. B. Hangboard, Kilterboard) durchgeführt. Dies geschieht vor dem Hintergrund, Trainern, Sportlehrern und Athleten Beispiele zu geben, wie Kognition und Kondition auch an solchen Geräten kombiniert und Übungsformen somit variiert werden können.

5.2 Trainingswand

Die meisten Übungen können am einfachsten an Trainingswänden durchgeführt werden. Darunter wird im vorliegenden Buch eine Boulder- oder Kletterwand verstanden, die mit zahlreichen Griffen und Tritten unterschiedlicher Größe und Farben ausgestattet ist. Eine Vielzahl von Griffen in unterschiedlichen Formen und

D. Memmert und J. Medernach, *Kognitives Athletiktraining im Klettern und Bouldern,* Kognitives Athletiktraining, https://doi.org/10.1007/978-3-662-71809-4_5

Farben ist für die qualitative Umsetzung der Übungen entscheidend. Im Fokus steht dabei erneut die gezielte Schulung kognitiver Fähigkeiten und taktischer Entscheidungsprozesse. Denn die Vielzahl an Griff- und Trittoptionen ermöglicht es den Athleten, ihre Entscheidungsfreiheit zu erweitern und somit langfristig die Fähigkeit zur eigenständigen Entscheidungsfindung zu entwickeln.

5.3   Smarties

Wenn in den folgenden Übungsformen von „Smarties" die Rede ist, bedeutet dies, dass alle Griffe und Tritte unabhängig von der Grifffarbe zum Klettern verwendet werden dürfen. Die Smarties-Methode wird nicht nur zur Vereinfachung der Übungen eingesetzt, sondern auch, um die eigenständige Entscheidungsfähigkeit der Athleten zu schulen und zu fördern.

5.4   Anpassung und Variation

Die folgenden Übungsformen dienen als Grundlage für ein kognitives Athletiktraining im Klettern und Bouldern. Sie sollen Trainern, Sportlehrern und Athleten dabei unterstützen, ihre Trainingsinhalte zu variieren und damit die Trainingseffizienz zu steigern. Die vorgeschlagenen Übungen sind nicht als verbindlich zu betrachten und können sowohl inhaltlich als auch in ihrer Kombination angepasst werden. Dies gilt zum einen für die vorgeschlagenen Kommandos, zum anderen natürlich auch für die Anpassung an die durch die Kletterhalle vorgegebenen Rahmenbedingungen. So können beispielsweise Übungen, die hier am Hangboard durchgeführt werden, auch am Campusboard umgesetzt werden. Je nach Gegebenheiten lassen sich manche Übungen möglicherweise auch besser an der Kletterwand in Bodennähe als an der Boulderwand durchführen. In diesem Zusammenhang kommt es in einigen Bereichen auch zu Überschneidungen, sodass verschiedene Übungen auch in andere Kategorien eingeordnet werden können. In diesem Sinne sind Anpassungen und Variationen nicht nur möglich, sondern wünschenswert und möglicherweise sogar notwendig.

5.5   Individualität

Ähnlich wie bei der inhaltlichen Anpassung ist es wichtig, dass alle Übungsformen stets an das Leistungsniveau der Athleten angepasst werden. Die Auswahl der Griffe ist oft ein entscheidender Faktor, da Vereinfachungen oder Erschwerungen vor allem durch die Anzahl und Größe der Griffe erreicht werden können. Ebenso müssen natürlich auch die Belastungsdauer und die Wiederholungszahl individuell angepasst werden. Auch wenn diesbezüglich Angaben zur Übungsdauer oder zum Schwierigkeitsgrad gegeben werden, sollte die Belastungsintensität und -dauer immer an das Leistungsniveau und die Zielsetzung angepasst werden. Dies gilt insbesondere für Übungen zur Verbesserung von Kraft und Ausdauer. So hängt die optimale Haltezeit bei Kraftübungen vom Trainingsziel ab: Steht die intramuskuläre Koordination im Vordergrund, sind Haltezeiten unter 6 s sinnvoll, während bei Hypertrophie eine Haltezeit zwischen 6 und 12 s empfohlen wird (vgl. Medernach, 2014 für eine detaillierte Übersicht).

Überblick der Übungsformen

6

Siehe Tab. 6.1

Tab. 6.1 Übersicht der Übungsformen im Praxisteil

Antizipation			
Ausdauer	Jo-Jo	Auf zum Henkel	Farbenjagd
Kraft	Griffmeister	Hangelaffe	Pull & Climb
Schnelligkeit	Auf die Plätze	Rakete	Tempowechsel
Koordination	Lass los	Transporter	In die Hände klatschen
Wahrnehmung			
Ausdauer	Immer drei	Griffwechsel	Zurück ins Nest
Kraft	Schraubstock	Hangel-Kommando	Hängen lassen
Schnelligkeit	Fangspiel am Boulderpilz	Schnell zum Punkt	Staffelklettern
Koordination	Sprungmeister	Weiches Greifen	Malen mit dem Fuß
Aufmerksamkeit			
Ausdauer	Kurzseil Clippen	Zwei dazu	Nachahmer
Kraft	Spiegelverkehrt	Würfelspiel	Move & Touch
Schnelligkeit	Zahlensammeln	Wörterklettern	Fang mich doch
Koordination	Farbenspiel	Hand und Fuß	Kreuzen und wechseln
Kreativität			
Ausdauer	Finde die Schüttelstelle	Hoch, runter, hoch	Plus 3
Kraft	Joker	Einbeiniger Pirat	Abkürzung
Schnelligkeit	Korkenzieher	Run & Jump	Der schnellste Weg

(Fortsetzung)

D. Memmert und J. Medernach, *Kognitives Athletiktraining im Klettern und Bouldern*, Kognitives Athletiktraining, https://doi.org/10.1007/978-3-662-71809-4_6

Tab. 6.1 (Fortsetzung)

Antizipation			
Koordination	No Hands	Durch die Nudel	Blinde Nuss
Intelligenz			
Ausdauer	Leise Maus	Repeater	Abwärtsspirale
Kraft	Dreierpack	Fuß zur Hand	Trau dich
Schnelligkeit	Aber nicht kucken	Stocktraining	Immer schneller
Koordination	Slow motion	Eine Hand lösen	Zwei hoch, einen runter
Gedächtnis			
Ausdauer	High Five	Griffe sammeln	Schattenklettern
Kraft	Play-Replay	Ohne LED´s	Hangelboard
Schnelligkeit	Eins, zwei, drei	Fahnenklettern	Griffe-Memo
Koordination	Stehen bleiben	Affen, sortiert euch	Verrückter Zoo

Antizipation & Ausdauer

7

7.1 Jo-Jo

Beschreibung

- An der Trainings- oder Kletterwand klettert der Athlet eine Route, die 2–3 Schwierigkeitsgrade unter seinem Leistungsniveau liegt. Sobald der Trainer das Kommando „*Wechsel*" gibt, wird der Aufstieg gestoppt und die gleiche Route wieder heruntergeklettert. Bei erneutem Kommando wechselt der Athlet wieder zum Aufstieg. Der Wechsel zwischen Auf- und Abstieg wird bis zur Erschöpfung wiederholt (siehe Abb. 7.1).

Organisation

- An der Kletterwand kann die Route im Toprope oder Vorstieg geklettert werden.

Zielsetzung

- Kombination von Ausdauer und Antizipation der Richtungswechsel.

Material

- Pfeife als Signal für den Richtungswechsel.

Vereinfachung

- Beim Abstieg wird Smarties geklettert.
- Für den Abstieg wird eine leichtere Route gewählt.

Erschwerung

- Die Route wird im Vorstieg geklettert.
- Beim Abstieg wird jedes Mal auf eine andere Route gewechselt.
- Der Trainer bestimmt, welche Grifffarbe beim Abstieg verwendet werden darf.

Abb. 7.1 Jo-Jo

7.2   Auf zum Henkel

Beschreibung

- An der Trainingswand wird eine Bewegungssequenz mit 10–12 Klettergriffen festgelegt, die ununterbrochen wiederholt wird (auf- und absteigend oder im Kreis kletternd). Auf das Kommando vom Trainer (z. B. Pfiff) hin muss ein guter Griff (Henkel) gefunden werden, an dem eine Pause von 20 s eingelegt und die Arme ausgeschüttelt werden. Anschließend wird die Bewegungssequenz erneut geklettert. Die Übung wird bis zur Erschöpfung wiederholt, wobei bei jedem Durchgang ein anderer Henkel aufgesucht werden muss (siehe Abb. 7.2).

Organisation

- An der Trainingswand oder im Absprungbereich an der Kletterwand.

Zielsetzung

- Kombination von Ausdauer und Antizipation der Henkel.

Material

- Pfeife.

Vereinfachung

- Es wird Smarties ohne festgelegte Bewegungssequenz geklettert.
- Nach dem Ausschütteln der Arme folgt eine weitere 10-sekündige Pause am Boden.
- Die Bewegungssequenz betrifft nur die Handgriffe, während alle Griffe als Fußtritte verwendet werden können.

Erschwerung

- Es wird zwischen verschiedenen Bewegungssequenzen gewechselt.
- Es wird abwechselnd mit einem Fuß geklettert.
- Es wird in Sportschuhen geklettert.

Abb. 7.2   Auf zum Henkel

7.3   Farbenjagd

Beschreibung

- An der Trainingswand wird kreuz und quer Smarties ohne Unterbrechung geklettert. Beim Kommando einer Farbe (z. B. „*lila*") soll ein Griff in dieser Farbe
gesucht und kurz mit beiden Händen gehalten werden. Danach wird wieder
Smarties geklettert. Die Farbe wechselt mehrmals und die Übung wird bis zur
Erschöpfung fortgesetzt (siehe Abb. 7.3).

Organisation

- Anstelle von Farben können auch Zahlen an der Wand verteilt werden und auf
Kommando (z. B. „*vier*") muss der Griff mit der entsprechenden Zahl gegriffen
werden.

Zielsetzung

- Kombination von Ausdauer und Antizipation der Grifffarbe.

Material

- Zahlenschildern.

Vereinfachung

- Nach drei Farben folgt eine Pause von 20 s.
- Es werden weniger Züge zwischen den Kommandos geklettert.

Erschwerung

- Beim Kommando werden zwei Farben vorgegeben (eine für jede Hand).
- Beim Kommando wird eine dritte Farbe für die Fußtritte vorgegeben.
- Anstelle von Smarties gibt der Trainer die Griffe vor (z. B. Laser, Stock).

Abb. 7.3 Farbenjagd

Antizipation & Kraft

8

8.1 Griffmeister

Beschreibung

- An einem Hangboard werden den verschiedenen Griffen auf beiden Seiten Zahlen zugeordnet. Die Zahl 1 steht für den besten Griff (Henkel). Der Athlet hängt mit gestreckten Armen und beiden Händen an diesem Griff 1. Der Trainer nennt nun eine Zahl (z. B. „*vier*") und der Athlet muss mit beiden Händen zum entsprechenden Griff hangeln. Die Zahlen wechseln sich ab, bis der Athlet sich nicht mehr halten kann. Die Dauer sollte 20–30 s nicht überschreiten und kann durch die Wahl der Griffgröße gesteuert werden (siehe Abb. 8.1.).

Organisation

- Die Übung erfolgt an einem oder mehreren Hangboards.

Zielsetzung

- Kombination von Kraft und Antizipation der Griffe.

Material

- Hangboard mit verschiedenen Griffarten.
- Kreide oder Stift zum Beschriften der Griffe.

© Der/die Autor(en), exklusiv lizenziert an Springer-Verlag GmbH, DE, ein Teil von Springer Nature 2025
D. Memmert und J. Medernach, *Kognitives Athletiktraining im Klettern und Bouldern,* Kognitives Athletiktraining, https://doi.org/10.1007/978-3-662-71809-4_8

Vereinfachung

- Nach dem Greifen einer Zahl folgt eine 5-sekündige Pause, bevor die Übung fortgesetzt wird.
- Nach dem Greifen einer Zahl wird wieder zurück zum Griff 1 (Henkel) gehangelt.

Erschwerung

- Unterschiedliche Zahlen für jede Hand (z. B. rechts: „*drei*"; links: „*zwei*").
- Beide Hände müssen gleichzeitig und in einer Bewegung die entsprechenden Griffe greifen (Doppelgreifen).
- Auf der linken Seite des Hangboards werden den Griffen Zahlen, auf der rechten Seite Farben zugeordnet. So kann mit zwei Kommandos (z. B. „*vier – rot*") gearbeitet werden, wodurch die Antizipation erschwert wird.

Abb. 8.1 Griffmeister

8.2   Hangelaffe

Beschreibung

* Der Athlet hängt mit beiden Händen an der untersten Leiste (Leiste 1) eines Campusboards (siehe Abb. 8.2.). Der Trainer gibt abwechselnd vor, welche Leiste als nächstes zu greifen ist (z. B. „*links Leiste 10*"). Die Übung wird bis zur Erschöpfung wiederholt. Werden mehr als 10–12 Wiederholungen erreicht, sollte die Intensität erhöht werden (z. B. kleinere Leisten, Gewichtsweste).

Organisation

* Bei mehreren, nebeneinander angeordneten Campusboards können auch seitliche Bewegungen integriert werden. Die Griffe können durch den Trainer auch mit einem Laserpointer oder einem Stock angezeigt werden.

Zielsetzung

* Kombination von Kraft und Antizipation der Griffe.

Material

* Campusboard mit mindestens vier Leisten.

Vereinfachung

* Ausgangspunkt ist eine gute Leiste, zu der nach jedem Greifen wieder zurückgehangelt wird.

Erschwerung

* Unterschiedliche Zahlen für jede Hand (z. B. links: „zehn"; rechts: „acht").
* Beide Hände müssen gleichzeitig die jeweiligen Leisten greifen (Doppelgreifen).
* Nach jedem Griff muss an diesem jeweils ein Klimmzug ausgeführt werden.

Abb. 8.2   Hangelaffe

8.3   Pull & Climb

Beschreibung

- Es werden Klimmzüge (z. B. an der Klimmzugstange oder am Hangboard) mit einer Gewichtsweste durchgeführt – mit so viel Zusatzgewicht, dass maximal 4–6 Wiederholungen möglich sind. Direkt im Anschluss folgt eine Bewegungssequenz an der Trainingswand (max. 10–12 Züge), bei der der Trainer mit einem Laserpointer die zu greifenden Griffe vorgibt. Sämtliche Grifffarben dürfen als Tritte verwendet werden (siehe Abb. 8.3.).

Organisation

- Die Klimmzüge können durch eine andere Übung (z. B. Hangeln am Campusboard) ersetzt werden. In der Bewegungssequenz sind nur die Handgriffe vorgegeben, alle Fußtritte dürfen frei gewählt werden.

Zielsetzung

- Kombination von Kraft und Antizipation der Griffe und Bewegungen.

Material

- Gewichtsweste.
- Klimmzugstange oder Hangboard.
- Laserpointer.

Vereinfachung

- Anzahl der Klimmzüge bzw. des Zusatzgewichts reduzieren.
- Anstatt Klimmzüge zu machen, bei 90° im Ellbogen an der Stange hängen (Lock-Offs).

Erschwerung

- Es wird mit einem Fuß geklettert.
- Es wird in Sportschuhen geklettert.
- Es dürfen nur ausgewählte Fußtritte (z. B. nur Spax-Tritte) genutzt werden.

Abb. 8.3 Pull & Climb

Antizipation & Schnelligkeit   9

9.1   Auf die Plätze

Beschreibung

- Der Athlet steht mit geschlossenen Augen vor einer Trainingswand und hält mit beiden Händen zwei Startgriffe. Im oberen Bereich der Wand sind verschiedene Griffe mit Zahlen markiert (z. B. 1-10). Auf Kommando des Trainers (z. B. „*eins*") soll der Athlet schnellstmöglich den entsprechenden Griff erreichen. Es wird Smarties geklettert (siehe Abb. 9.1.).

Organisation

- Die Zielgriffe können auch die Top-Griffe von Bouldern sein. Die Startposition kann zur Variation nach jedem Durchgang angepasst werden.

Zielsetzung

- Kombination von schnellem Klettern und der Antizipation des effizientesten Weges.

Material

- Nummern oder Tape zum Markieren der Griffe.

D. Memmert und J. Medernach, *Kognitives Athletiktraining im Klettern und Bouldern,* Kognitives Athletiktraining, https://doi.org/10.1007/978-3-662-71809-4_9

Vereinfachung

- Die Kletterhöhe reduzieren.
- Die Anzahl der Zahlen reduzieren (z. B. nur drei Zielgriffe).

Erschwerung

- Es müssen zwei Zielgriffe nacheinander erreicht werden (z. B. erst Griff 4, dann Griff 1).
- Nach Erreichen des Zielgriffs so schnell wie möglich zu den Startgriffen zurückklettern.
- Die Zeit zum Erreichen des Zielgriffs wird begrenzt (z. B. 10 Sekunden).

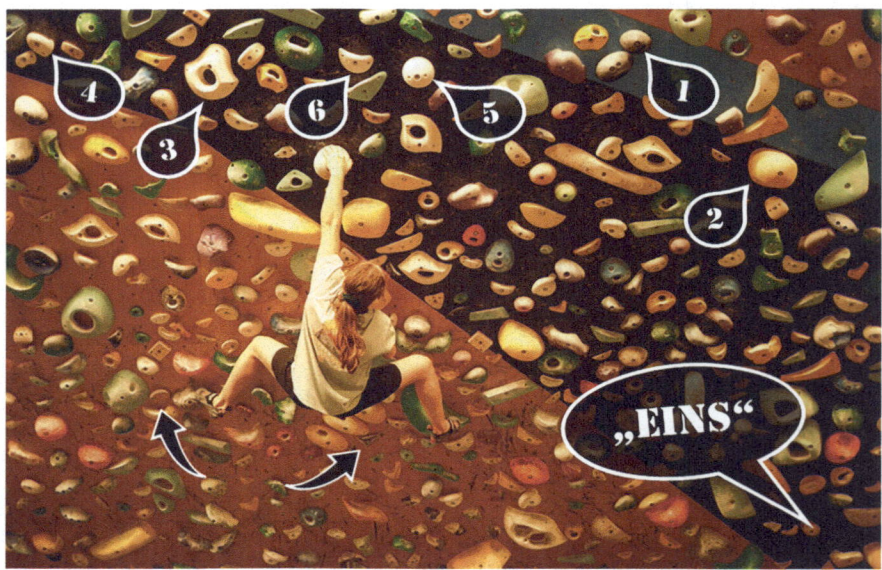

Abb. 9.1 Auf die Plätze

9.2   Rakete

Beschreibung

* An der Trainingswand wird ein Boulder oder eine Bewegungssequenz mit 8-12 Zügen vorgegeben. Der Athlet klettert zunächst in Zeitlupe. Auf das Kommando *„Hopp"* des Trainers klettert er so schnell wie möglich zum Top-Griff (siehe Abbildung 9.2.).

Organisation

* Die Übung kann alternativ an der Kletterwand mit Seilsicherung durchgeführt werden.

Zielsetzung

* Kombination von Antizipation und Tempowechsel.

Material

* Pfeife für das Signal.

Vereinfachung

* Der Tempowechsel erfolgt an einem bestimmten Griff und nicht auf Kommando.
* Es wird Smarties geklettert.

Erschwerung

* Nach dem Erreichen des Zielgriffs schnellstmöglich zu den Startgriffen herabklettern.
* Verschiedene Farben als Kommandos, die den Zielgriff anhand seiner Farbe bestimmen.
* Das Kommando „Stopp" kann ergänzend verwendet werden, bei dem der Athlet sofort in seiner aktuellen Position einfrieren muss.

Abb. 9.2 Rakete

9.3 Tempowechsel

Beschreibung

- An der Trainingswand sind verschiedene Start- und Topgriffe mit Zahlen gekennzeichnet (mindestens drei Start- und Topgriffe). Der Athlet positioniert sich an einem der Startgriffe. Auf Kommando (z. B. „*eins*") muss der Athlet schnellstmöglich zum entsprechenden Zielgriff klettern. Nach Erreichen des Griffs folgt ein weiteres Kommando (z. B. „*zwei*"), woraufhin der Athlet in Zeitlupe zum zugehörigen Startgriff herabklettert. Danach gibt der Trainer ein neues Kommando (z. B. „*drei*") und der Athlet klettert erneut so schnell es geht zum angegebenen Zielgriff. Geklettert wird Smarties (siehe Abbildung 9.3.).

Organisation

- Anstelle von Zahlen können auch verschiedenfarbige Tapes verwendet werden. Außerdem können die Phasen vertauscht werden (z. B. langsam aufwärts und schnell abwärts klettern).

Zielsetzung

- Kombination von Antizipation und Tempowechsel.

Material

- Zahlenschilder.
- Tape (verschiedene Farben).

Vereinfachung

- Die Kletterhöhe reduzieren.
- Anzahl der Kommandos verringern.

Erschwerung

- Mit einem Fuß klettern.
- Es dürfen nur bestimmte Grifffarben gegriffen werden.
- Der Trainer gibt nicht nur die Zahl vor, sondern auch, ob schnell oder in Zeitlupe geklettert wird.

Abb. 9.3   Tempowechsel

Antizipation & Koordination

10

10.1 Lass los

Beschreibung

- An einer Trainingswand klettert der Athlet kreuz und quer Smarties. Der Trainer gibt das Kommando, welcher Fuß oder welche Hand von der Wand gelöst werden muss (z. B. „*rechte Hand*"). Der Athlet folgt dem Kommando und muss anschließend drei Sekunden lang einfrieren, ohne sich zu bewegen. Danach wird weitergeklettert und die Kommandos wechseln sich ab (siehe Abb. 10.1).

Organisation

- Die Übung kann alternativ an der Kletterwand mit Seilsicherung durchgeführt werden.

Zielsetzung

- Kombination von Antizipation und Einnehmen einer stabilen Position.

Material

- Es wird kein zusätzliches Material benötigt.

Vereinfachung

- Die Übung an einer senkrechten Trainingswand durchführen.
- Die Dauer des Einfrierens verkürzen.

© Der/die Autor(en), exklusiv lizenziert an Springer-Verlag GmbH, DE, ein Teil von Springer Nature 2025
D. Memmert und J. Medernach, *Kognitives Athletiktraining im Klettern und Bouldern,* Kognitives Athletiktraining,
https://doi.org/10.1007/978-3-662-71809-4_10

Erschwerung

- Zwei Kommandos kombinieren (z. B. „*rechte Hand und linker Fuß*").
- Die Wandneigung erhöhen.
- In Sportschuhen klettern.
- Anstelle von Smarties wird ein Boulder oder eine Route geklettert.

Abb. 10.1. Lass los

10.2 Transporter

Beschreibung

- An einer Trainingswand klettert der Athlet kreuz und quer Smarties. Dabei transportiert er einen Gegenstand (z. B. ein Jongliersäckchen oder einen Tennisball) zunächst in einer Hand. Der Trainer gibt nun vor, wie der Gegenstand weiter transportiert werden soll (z. B. *„auf dem rechten Fuß"*, *„auf dem Kopf"*), ohne dass der Gegenstand herunterfällt (siehe Abb. 10.2).

Organisation

- Anstelle von Kommandos kann auch eine Bewegungssequenz oder ein Boulder mehrfach geklettert werden, wobei die Transportweise bei jedem Durchgang geändert wird.

Zielsetzung

- Kombination von Antizipation und präziser Bewegungsausführung.

Material

- Jongliersäckchen, Tennisball, Bierdeckel oder andere geeignete Gegenstände.

Vereinfachung

- Die Übung an einer senkrechten Trainingswand durchführen.
- Die Transportweise wird nicht während des Kletterns, sondern im nächsten Durchgang variiert.

Erschwerung

- Zwei Gegenstände müssen gleichzeitig transportiert werden.
- Anstelle von Smarties wird ein Boulder geklettert.
- Erhöhung des Zeitdrucks (z. B. 10 Sekunden) für das Erreichen eines bestimmten Zielgriffs.

Abb. 10.2. Transporter

10.3   In die Hände klatschen

Beschreibung

* An der Trainingswand klettert der Athlet kreuz und quer Smarties. Auf das Kommando „*Hopp*" muss er beide Handgriffe kurz lösen und einmal in die Hände klatschen, bevor er weiterklettert. Das Kommando wird mehrfach wiederholt (siehe Abb. 10.3).

Organisation

* Die Übung sollte zunächst an einer senkrechten Trainingswand durchgeführt werden. Mit zunehmender Wandneigung wird die Schwierigkeit erhöht.

Zielsetzung

* Kombination von Antizipation und dem Einnehmen einer Position, die das Lösen der Hände ermöglicht.

Material

* Es wird kein zusätzliches Material benötigt.

Vereinfachung

* Statt in die Hände zu klatschen, wird mit einer Hand sanft gegen die Wand geklatscht.
* Statt in die Hände zu klatschen, muss eine Hand drei verschiedene Griffe berühren, bevor sie wieder den Ausgangsgriff greifen darf.

Erschwerung

* Es muss mehrmals in die Hände geklatscht werden.
* Es wird sowohl vor als auch hinter dem Rücken in die Hände geklatscht.

Abb. 10.3. In die Hände klatschen

Wahrnehmung & Ausdauer

11

11.1 Immer drei

Beschreibung

- An der Trainings- oder Kletterwand klettert der Athlet kreuz und quer und greift zunächst drei Griffe einer bestimmten Farbe (z. B. schwarz). Nach diesen drei Griffen müssen die nächsten drei Griffe eine andere Farbe haben (z. B. gelb). Die Farbwechsel wiederholen sich (z. B. blau als nächste Farbe). Es dürfen alle Grifffarben als Fußtritte verwendet werden. Die Übung wird bis zur Erschöpfung fortgesetzt (siehe Abb. 11.1).

Organisation

- Die Übung kann sowohl an der Trainingswand als auch im Toprope oder Vorstieg an der Kletterwand durchgeführt werden.

Zielsetzung

- Kombination von Ausdauer und Wahrnehmung der Grifffarbe.

Material

- Es wird kein zusätzliches Material benötigt.

© Der/die Autor(en), exklusiv lizenziert an Springer-Verlag GmbH, DE, ein Teil von Springer Nature 2025
D. Memmert und J. Medernach, *Kognitives Athletiktraining im Klettern und Bouldern,* Kognitives Athletiktraining,
https://doi.org/10.1007/978-3-662-71809-4_11

Vereinfachung

- Es wird nur zwischen zwei Farben gewechselt.
- Die Farbe wechselt erst nach jedem fünften Griff.

Erschwerung

- Die Farbe der Fußtritte wird vorgegeben (z. B. nur schwarze Tritte).
- Die Farbe der Fußtritte muss mit der Farbe der Handgriffe übereinstimmen.
- Die Farbe der Fußtritte muss sich von der Farbe der Handgriffe unterscheiden.

Abb. 11.1. Immer drei

11.2 Griffwechsel

Beschreibung

- An der Trainings- oder Kletterwand klettert der Athlet kreuz und quer Smarties, wobei er die Griffform bei jedem Zug wechseln muss (z. B. zuerst Henkel, dann Leiste, dann Zange). Die Farbe der Handgriffe und Fußtritte spielt keine Rolle. Die Übung wird bis zur Erschöpfung fortgesetzt (siehe Abb. 11.2).

Organisation

- Die Übung kann auch an der Kletterwand durchgeführt werden. Es muss sichergestellt werden, dass genügend verschiedene Griffformen zur Verfügung stehen.

Zielsetzung

- Kombination von Ausdauer und Wahrnehmung der Griffformen.

Material

- Es wird kein zusätzliches Material benötigt.

Vereinfachung

- Anstatt bei jedem Griff zu wechseln, muss der Athlet insgesamt drei verschiedene Griffformen mindestens dreimal greifen, unabhängig von der Reihenfolge.
- Eine Hand greift immer einen Henkel und im zweiten Durchgang wird die Hand gewechselt.

Erschwerung

- Die Reihenfolge der Griffform wird vorgegeben (z. B. Henkel – Leiste -Zange).
- Beide Hände müssen die gleiche Griffform greifen, bevor zur nächsten Griffform gewechselt wird.
- Jeder dritte Griff muss zudem eine festgelegte Griffform aufweisen (z. B. Leiste).

Abb. 11.2.   Griffwechsel

11.3   Zurück ins Nest

Beschreibung

- An der Trainingswand hängt der Athlet im unteren Bereich an einem guten Griff (Henkel). Von dort aus klettert er Smarties nach oben zu einem Griff mit einer bestimmten Farbe (z. B. rot). Danach klettert er zurück zum Startgriff (das Nest). Im Nest angekommen, klettert er wieder zu einem Top-Griff mit einer anderen Farbe (z. B. gelb). Die Farbwahl ändert sich jedes Mal, wenn der Athlet zum Nest zurückkehrt. Die Übung wird bis zur Erschöpfung wiederholt (siehe Abb. 11.3).

Organisation

- Es ist darauf zu achten, dass das Nest aus einem guten Griff besteht.

Zielsetzung

- Kombination von Ausdauer und Wahrnehmung der Grifffarben.

Material

- Es wird kein zusätzliches Material benötigt.

Vereinfachung

- Die Kletterhöhe kann reduziert werden.

Erschwerung

- Der Top-Griff wird vom Trainer vorgegeben (z. B. Laserpointer, Stock).
- Vor jedem Greifen eines Griffs muss die Hand kurz vor dem Griff erstarren, ohne ihn zu berühren.

Abb. 11.3 Zurück ins Nest

Wahrnehmung & Kraft

12

12.1 Schraubstock

Beschreibung

- An der Trainingswand klettert der Athlet von den Startgriffen aus kreuz und quer Smarties. Der Trainer gibt einen bestimmten Griff vor (z. B. Laserpointer, Stock), den der Athlet erreichen und für fünf Sekunden mit einer Hand festhalten muss, während die andere Hand in dieser Zeit keinen Griff berühren darf. Anschließend gibt der Trainer einen weiteren Griff vor, der mit der anderen Hand für fünf Sekunden festgehalten werden muss. Die Übung wird zwei- bis dreimal hintereinander ohne Pause wiederholt (siehe Abb. 12.1).

Organisation

- Die Übung kann auch in Kleingruppen durchgeführt werden, wobei sich die Athleten gegenseitig die Griffe vorgeben.

Zielsetzung

- Kombination von Kraft und Wahrnehmung der Griffe.

Material

- Laserpointer oder Stock.

© Der/die Autor(en), exklusiv lizenziert an Springer-Verlag GmbH, DE, ein Teil von Springer Nature 2025
D. Memmert und J. Medernach, *Kognitives Athletiktraining im Klettern und Bouldern*, Kognitives Athletiktraining, https://doi.org/10.1007/978-3-662-71809-4_12

Vereinfachung

- Die Haltezeit wird reduziert (z. B. drei Sekunden).
- Die Anzahl der Bewegungen bis zum Zielgriff wird verkürzt.

Erschwerung

- Es dürfen nur bestimmte Tritte benutzt werden (z. B. Spax).
- Es wird mit einem Fuß geklettert.
- Der Zielgriff muss mit blockiertem Arm (90° im Ellenbogengelenk) gehalten werden.

Abb. 12.1.   Schraubstock

12.2 Hangel-Kommando

Beschreibung

- An der Trainingswand hängt der Athlet ohne Füße an den markierten Startgriffen (siehe Abb. 12.2). Danach hangelt er (die Füße dürfen die Wand nicht berühren) zu bestimmten Griffen, die vom Trainer abwechselnd vorgegeben werden (z.B. „*gelber Sloper*").

Organisation

- Die Wandneigung sollte mindestens 20° betragen. Es muss gewährleistet sein, dass genügend Griffe zum Hangeln vorhanden sind. Die Übung kann auch in Kleingruppen durchgeführt werden.

Zielsetzung

- Kombination von Kraft und Wahrnehmung der Griffe.

Material

- Laserpointer oder Stock zum Zeigen der Griffe.

Vereinfachung

- Anstelle zu Hangeln wird mit einem Fuß geklettert.
- Nach dem Greifen des Zielgriffs folgt eine Pause von 20 Sekunden.

Erschwerung

- Nach dem Greifen des Zielgriffs werden drei Klimmzüge ausgeführt (z. B. an der Klimmzugstange), bevor unmittelbar der nächste Durchgang beginnt.
- Nach dem Greifen des Zielgriffs wird wieder zu den Startgriffen gehangelt.

Abb. 12.2.   Hangel-Kommando

12.3 Hängen lassen

Beschreibung

- An der Trainingswand klettert der Athlet kreuz und quer Smarties. Beim Kommando „*Suche*" muss der Athlet einen guten Griff (z. B. Henkel) finden, den er mit beiden Händen und ohne Füße für fünf Sekunden halten muss (während dieser Zeit dürfen die Füße die Wand nicht berühren). Anschließend klettert der Athlet weiter und wartet auf das nächste Kommando „*Suche*", bei dem er einen anderen guten Griff finden muss. Das Kommando wird mehrmals wiederholt (siehe Abb. 12.3).

Organisation

- Die Wandneigung sollte mindestens 20° betragen. Die Übung kann auch in Kleingruppen durchgeführt werden, wobei sich die Athleten gegenseitig die Griffe vorgeben.

Zielsetzung

- Kombination von Kraft und Griffe finden.

Material

- Es wird kein zusätzliches Material benötigt.

Vereinfachung

- Die Haltezeit wird reduziert (z. B. drei Sekunden).
- Ein Fuß darf benutzt werden, während der andere die Wand nicht berühren darf.

Erschwerung

- Anstelle von Smarties wird eine Bewegungssequenz festgelegt oder mehrere Boulder hintereinander geklettert.
- Es wird mit einem Fuß geklettert.
- Der Zielgriff muss mit blockiertem Arm (90° im Ellenbogengelenk) gehalten werden.

Abb. 12.3. Hängen lassen

Wahrnehmung & Schnelligkeit

13

13.1 Fangspiel am Boulderpilz

Beschreibung

- Diese Übung wird paarweise an einem Boulderpilz mit mehreren Wandseiten durchgeführt. Beide Athleten starten auf den gegenüberliegenden Seiten des Pilzes, sodass sie sich nicht sehen können. Sie klettern Smarties in Bodennähe, während einer versucht, den anderen durch geschickte Bewegungen zu finden und zu fangen (siehe Abb. 13.1).

Organisation

- Es wird in Zweier-Teams und in Bodennähe geklettert. Bei ausreichend großem Pilz kann die Anzahl der Athleten erhöht werden.

Zielsetzung

- Kombination von Wahrnehmung und schneller Reaktion.

Material

- Boulderpilz.

© Der/die Autor(en), exklusiv lizenziert an Springer-Verlag GmbH, DE, ein Teil von Springer Nature 2025
D. Memmert und J. Medernach, *Kognitives Athletiktraining im Klettern und Bouldern,* Kognitives Athletiktraining,
https://doi.org/10.1007/978-3-662-71809-4_13

Vereinfachung

- Zu Beginn der Übung starten beide Athleten auf derselben Wandseite, sodass der Jäger den Gejagten sehen kann.
- Ein weiterer Athlet, der sich frei um den Pilz bewegen darf, unterstützt den Fänger dabei, den Gejagten aufzuspüren.

Erschwerung

- Es wird mit einem Fuß geklettert.
- Der Jäger darf nur bestimmte Grifffarben benutzen.
- Es müssen zwei Athleten gefangen werden.

Abb. 13.1. Fangspiel am Boulderpilz

13.2   Schnell zum Punkt

Beschreibung

- Der Athlet klettert kreuz und quer Smarties an der Trainingswand. Der Trainer zeigt mit einem Laserpointer auf einen Griff, den der Athlet so schnell wie möglich erreichen und greifen muss. Nach dem Erreichen des Zielgriffs wird die Übung mehrmals wiederholt (siehe Abb. 13.2).

Organisation

- Die Übung kann auch in Zweiergruppen durchgeführt werden, wobei sich die Athleten gegenseitig die Griffe vorgeben.

Zielsetzung

- Kombination von Wahrnehmung und Klettergeschwindigkeit.

Material

- Laserpointer.

Vereinfachung

- Nach Erreichen des Zielgriffs erfolgt eine kurze Pause, bevor die Übung wiederholt wird.

Erschwerung

- Die Zeit für das Erreichen des jeweiligen Griffes ist begrenzt (z. B. 10 s).
- Es wird mit einem Fuß geklettert.
- Anstelle des Lasers werden Kommandos verwendet (z. B. „*Finde das schwarze Fingerloch*").

Abb. 13.2. Schnell zum Punkt

13.3   **Staffelklettern**

Beschreibung

* An der Trainingswand werden kleine Magnete in verschiedenen Farben plat-
  ziert. Jedes Team muss versuchen, alle Magnete so schnell wie möglich zu sam-
  meln und an einer Tafel anzubringen. Sobald ein Magnet an der Tafel hängt,
  darf der nächste Athlet starten. Geklettert wird Smarties (siehe Abb. 13.3).

Organisation

* Anstelle von Magneten können auch Tape-Streifen verwendet werden. Anzahl
  und Größe der Gruppen können angepasst werden.

Zielsetzung

* Kombination von Wahrnehmung und Klettergeschwindigkeit.

Material

* Magnete oder Tape in verschiedenen Farben.

Vereinfachung

* Die Kletterhöhe reduzieren.
* Anzahl der Magnete reduzieren.

Erschwerung

* Mit einem Fuß klettern.
* In Sportschuhen klettern.
* Nachdem ein Magnet eingesammelt wurde, darf nicht heruntergesprungen werden. Stattdessen muss zuerst zu einem definierten Startgriff zurückgeklettert
  werden.

Abb. 13.3   Staffelklettern

14.1 Sprungmeister

Beschreibung

Der Athlet positioniert sich an einer Trainingswand an zwei festgelegten Start-griffen. Aus dieser Position springt er zu zwei verschiedenen Zielgriffen, die vom Trainer vorgegeben werden. In der Startposition dürfen alle Griffe als Tritte genutzt werden (siehe Abb. 14.1).

Organisation

Die Start- und Zielgriffe werden nach jedem Durchgang so variiert, dass sich der Athlet stets auf eine neue Griffkonstellation einstellen muss. Es kann zwischen simultanem Greifen (beide Hände greifen gleichzeitig) und zeitversetztem Greifen (z. B. erst die linke, dann die rechte Hand) variiert werden.

Zielsetzung

Kombination von Kopplungsfähigkeit und adäquater Distanzwahrnehmung.

Material

Laserpointer oder Stock, um die Zielgriffe anzuzeigen.

Vereinfachung

- Springen mit beiden Händen zu einem Zielgriff.
- Weiter, dynamischer Zug, ohne zu springen.

© Der/die Autor(en), exklusiv lizenziert an Springer-Verlag GmbH, DE, ein Teil von Springer Nature 2025
D. Memmert und J. Medernach, *Kognitives Athletiktraining im Klettern und Bouldern*, Kognitives Athletiktraining,
https://doi.org/10.1007/978-3-662-71809-4_14

Erschwerung

- Doppelsprung: Nach dem Greifen der Zielgriffe erfolgt sofort das Weitergreifen zu zwei weiteren, unterschiedlichen Griffen.
- Doppelsprung: Zuerst wird mit beiden Händen zu einem Zielgriff gesprungen und dann sofort zu zwei verschiedenen Griffen weitergegriffen.

Abb. 14.1. Sprungmeister

14.2   Weiches Greifen

Beschreibung

Der Athlet klettert kreuz und quer Smarties an einer Trainingswand. Jeder Griff soll so „weich" wie möglich gegriffen werden. Dazu muss der Athlet kurz vor dem Greifen seine Aufwärtsbewegung abbremsen, um den Griff möglichst sanft greifen zu können (siehe Abb. 14.2).

Organisation

Idealerweise erfolgt das Greifen im sogenannten „toten Punkt", dem Moment, in dem Aufwärts- und Anziehungskraft im Gleichgewicht sind. Der Athlet erreicht diesen Punkt am effizientesten durch eine Körperwellenbewegung, die sich am besten mit offener Hüfte ausführen lässt.

Zielsetzung

Kombination von präziser Distanzabschätzung der Griffe und koordinierter Bewegungsausführung.

Material

Laserpointer oder Stock, um die Griffe anzuzeigen.

Vereinfachung

- Die Übung wird an der Sprossenwand durchgeführt.
- Ausgehend von einem guten Startgriff wird mit jeder Hand jeweils nur ein Griff gefasst, bevor die Hand wieder zum Startgriff zurückgeführt wird.

Erschwerung

- Er wird mit beiden Händen gleichzeitig weich gegriffen.
- Vor dem Greifen wird jeder Griff mit der flachen Hand zunächst abgeklatscht.
- Statt Smarties zu klettern, wird ein Boulder oder eine definierte Bewegungssequenz geklettert.

Abb. 14.2.   Weiches Greifen

14.3   Malen mit dem Fuß

Beschreibung
Der Athlet klettert kreuz und quer Smarties an einer Trainingswand. Bevor er einen Fuß auf einen Tritt stellen darf, muss er mit dem Fuß einen imaginären Kreis im Uhrzeigersinn um den Tritt zeichnen. Ausgenommen davon ist ein Tritt mit einer bestimmten Farbe (z. B. rot), bei dem der Kreis gegen den Uhrzeigersinn gezeichnet wird (siehe Abb. 14.3).

Organisation
Die Übung kann auch in Zweiergruppen durchgeführt werden, wobei sich die Athleten gegenseitig abwechseln.

Zielsetzung
Kombination von Wahrnehmung der Grifffarbe, koordinierter Bewegungsausführung und Einnehmen einer Position, die das Abheben des Fußes ermöglicht.

Material
Es wird kein zusätzliches Material benötigt.

Vereinfachung
Anstatt einen Kreis zu zeichnen, werden vor dem Treten drei verschiedene Fußtritte angetippt, bevor der Fuß auf den Tritt gestellt werden darf.

Erschwerung

- Bevor der Fuß auf den Tritt gestellt werden kann, muss dieser zweimal mit dem Fuß umkreist werden.
- Bevor der Fußtritt umkreist werden kann, müssen zunächst drei andere Fußtritte angetippt werden.
- Kommandos geben die Farbe des Trittes vor.

Abb. 14.3   Malen mit dem Fuß

Aufmerksamkeit & Ausdauer

15

15.1 Kurzseil-Clippen

Beschreibung

- An mehreren Stellen der Trainingswand sind Expressen (Exen) mit Schraubhaken angebracht. Der Athlet klettert eine definierte Bewegungsabfolge im Kreis und clippt jedes Mal, wenn eine Exe in Reichweite ist, ein kurzes Seil ein. Die Übung wird bis zur Erschöpfung durchgeführt. Alle Griffe können als Tritte verwendet werden (siehe Abb. 15.1).

Organisation

- Das Seil wird um den Bauch gebunden, sodass kein Klettergurt benötigt wird. Die verbleibende Seillänge zum Clippen sollte ca. 1 Meter betragen, damit der Athlet bei einem Sturz nicht im Seil hängen bleibt.

Zielsetzung

- Kombination von Ausdauer und selektiver Aufmerksamkeit.

Material

- Express-Set.
- Altes Kletterseil.
- Schraubhaken mit M10 Gewinde.

© Der/die Autor(en), exklusiv lizenziert an Springer-Verlag GmbH, DE, ein Teil von Springer Nature 2025
D. Memmert und J. Medernach, *Kognitives Athletiktraining im Klettern und Bouldern,* Kognitives Athletiktraining,
https://doi.org/10.1007/978-3-662-71809-4_15

Vereinfachung

- Es wird Smarties geklettert.

Erschwerung

- Der Trainer zeigt mit dem Laserpointer die zu greifenden Griffe an.
- Pyramidentraining: Es werden drei Boulder mit unterschiedlichen Schwierig-
  keitsgraden und Längen festgelegt. Die Übung beginnt mit dem längsten und
  einfachsten Boulder (20 Züge), gefolgt vom mittelschweren Boulder (15 Züge)
  und dem schwierigsten Boulder (10 Züge). Danach wird wieder der mittel-
  schwere Boulder geklettert, gefolgt vom leichtesten Boulder zum Abschluss.

Abb. 15.1. Kurzseil-Clippen

15.2 Zwei dazu

Beschreibung

- Der Athlet startet in einer festgelegten Startposition mit beiden Händen an den markierten Startgriffen. Der Trainer zeigt die nächsten zwei Griffe, die der Athlet nacheinander greifen muss. Sobald beide Griffe gegriffen sind, muss der Athlet für fünf Sekunden in einer stabilen Position einfrieren. Danach zeigt der Trainer die nächsten zwei Griffe und der Athlet bewegt sich zu den vorgegebenen Griffen und verharrt dort wieder für fünf Sekunden. Die Übung wird bis zur Erschöpfung ausgeführt. Alle Griffe können als Tritte verwendet werden (siehe Abb. 15.2).

Organisation

- Die Übung kann auch in kleinen Gruppen durchgeführt werden, wobei sich die Athleten beim Klettern abwechseln.

Zielsetzung

- Kombination von Ausdauer und Aufmerksamkeitsorientierung.

Material

- Laserpointer oder Stock.

Vereinfachung

- Die Einfrierdauer wird verkürzt (z. B. zwei Sekunden).
- Es wird immer nur ein Griff angesagt.

Erschwerung

- Die Einfrierdauer wird verlängert.
- Es werden drei bis vier Griffe angesagt.

Abb. 15.2   Zwei dazu

15.3   Nachahmer

Beschreibung

- Die Übung wird zu zweit an der Trainingswand durchgeführt. Athlet A klettert vor, während Athlet B ihm folgt und dabei dieselben Handgriffe verwendet. Alle Griffe können als Tritte verwendet werden. Die Übung wird bis zur Erschöpfung durchgeführt (siehe Abb. 15.3).

Organisation

- Die Übung kann auch an der Kletterwand im Bodenbereich mit einer größeren Gruppe durchgeführt werden (z. B. Traverse von links nach rechts).

Zielsetzung

- Kombination von Ausdauer und geteilter Aufmerksamkeit.

Material

- Es wird kein zusätzliches Material benötigt.

Vereinfachung

- Es dürfen nur Griffe einer bestimmten Farbe verwendet werden, um die Nachahmung zu erleichtern.

Erschwerung

- Der Trainer zeigt Athlet A mit einem Laserpointer die Handgriffe, die er greifen soll.
- Mit dem Kommando „Wechsel" tauschen die beiden Athleten ihre Rollen.

Abb. 15.3 Nachahmer

Aufmerksamkeit & Kraft

16

16.1 Spiegelverkehrt

Beschreibung

- An zwei identischen, nebeneinander angeordneten Hangboards hängen zwei Athleten zunächst mit beiden Händen an den besten Griffen. Nun greift Athlet A mit der linken Hand einen anderen Griff (frei wählbar). Athlet B muss die gleiche Bewegung spiegelverkehrt mit der rechten Hand ausführen. Die Übung wird 10–12 Mal mit verschiedenen Griffen wiederholt (siehe Abb. 16.1).

Organisation

- Für die Übung werden zwei identische Hangboards benötigt.

Zielsetzung

- Kombination von Kraft und Aufmerksamkeitsorientierung.

Material

- Zwei Hangboards.

Vereinfachung

- Athlet B führt die gleichen Bewegungen wie Athlet A aus (nicht spiegelverkehrt).
- Nach zwei Zügen wird zum guten Startgriff zurückgekehrt.

© Der/die Autor(en), exklusiv lizenziert an Springer-Verlag GmbH, DE, ein Teil von Springer Nature 2025
D. Memmert und J. Medernach, *Kognitives Athletiktraining im Klettern und Bouldern,* Kognitives Athletiktraining,
https://doi.org/10.1007/978-3-662-71809-4_16

Erschwerung

- Beide Hände greifen gleichzeitig (Doppelgreifen).
- Die Rollen werden nach jedem Griff gewechselt.

Abb. 16.1 Spiegelverkehrt

16.2 Würfelspiel

Beschreibung

*   Athlet A hängt mit gestreckten Armen und beiden Händen an einem guten Griff (Henkel) eines Hangboards. Auf beiden Seiten des Hangboards sind sechs Griffe mit Zahlen (1–6) markiert. Athlet B würfelt und Athlet A muss den Griff mit der gewürfelten Zahl mit beiden Händen greifen. Es wird so lange gewürfelt, bis Athlet A sich nicht mehr halten kann. Die Übung sollte ca. 20 s dauern und kann durch die Wahl der Griffgröße variiert werden. Danach werden die Rollen getauscht (siehe Abb. 16.2.).

Organisation

*   Die Übung wird an einem Hangboard mit sechs unterschiedlichen Griffen durchgeführt.

Zielsetzung

*   Kombination von Kraft und geteilter Aufmerksamkeit.

Material

*   Hangboard.
*   Würfel.

Vereinfachung

*   Nach dem Greifen des gewürfelten Griffs wird zum guten Startgriff zurückgekehrt.
*   Athlet A hat einen Joker, den er einmal einsetzen kann, um die gewürfelte Zahl durch den guten Startgriff zu ersetzen.

Erschwerung

*   Beide Hände greifen gleichzeitig (Doppelgreifen).
*   Nach dem Greifen des gewürfelten Griffs werden in der jeweiligen Position ein Klimmzug ausgeführt, bevor der nächste Griff gewürfelt wird.
*   Zwei Würfel werden geworfen – einer für die linke und einer für die rechte Hand.

Abb. 16.2   Würfelspiel

16.3 Move & Touch

Beschreibung

- Athlet A hängt mit beiden Händen an der untersten Leiste (Leiste 1) eines Campusboards und hangelt abwechselnd mit einer Hand zur nächsten Leiste. Nach jedem Greifen berührt er mit der Fußspitze abwechselnd die ausgestreckte Hand von Athlet B, der seitlich am Boden steht. Die Übung wird bis zur obersten Leiste fortgeführt (siehe Abb. 16.3.).

Organisation

- Die Größe und die Abstände zwischen den Leisten werden individuell angepasst. Vereinfachungen und Erschwerungen werden zudem durch die Handposition von Athlet B gesteuert (z. B. schwieriger, wenn die Hand höher oder weiter vom Fuß entfernt ist).

Zielsetzung

- Kombination von Kraft und geteilter Aufmerksamkeit.

Material

- Campusboard.

Vereinfachung

- Anstatt nach oben zu hangeln, wird die Hand nach dem Greifen wieder zur ersten Leiste zurückgeführt und die Seite gewechselt.

Erschwerung

- Beide Hände greifen gleichzeitig (Doppelgreifen).
- Jeder zweite oder dritte Leiste wird übersprungen.
- Nach jedem Greifen muss die Hand von Athlet B auf beiden Seiten nacheinander mit der Fußspitze berührt werden (nicht abwechselnd).

Abb. 16.3   Move & Touch

Aufmerksamkeit & Schnelligkeit

17

17.1 Zahlensammeln

Beschreibung

- An einer Trainingswand sind in verschiedenen Bereichen Schilder mit den Zahlen 1–5 verteilt. Im mittleren Bereich wird ein Startgriff definiert, von dem der Athlet immer startet. Der Trainer stellt Matheaufgaben (z. B. „$2 + 1 - 2$") und der Athlet muss so schnell wie möglich zur jeweiligen Lösung klettern. Geklettert wird Smarties (siehe Abb. 17.1.).

Organisation

- Die Übung kann auch als Staffel mit zwei oder mehr Gruppen an der Kletterwand durchgeführt werden. Anstelle von Rechenaufgaben kann der Trainer auch kurze Geschichten erzählen. Sobald eine Zahl darin vorkommt, muss der Athlet so schnell wie möglich zur entsprechenden Zahl an der Wand klettern. Als Alternative gibt der Athlet oder der Trainer immer die Zahl vor, die so schnell wie möglich erreicht werden soll.

Zielsetzung

- Kombination von Schnelligkeit und Aufmerksamkeitsorientierung.

Material

- Schilder mit Zahlen.

© Der/die Autor(en), exklusiv lizenziert an Springer-Verlag GmbH, DE, ein Teil von Springer Nature 2025
D. Memmert und J. Medernach, *Kognitives Athletiktraining im Klettern und Bouldern,* Kognitives Athletiktraining,
https://doi.org/10.1007/978-3-662-71809-4_17

Vereinfachung

- Die Wandhöhe und der Abstand zwischen den Zahlen können verringert werden.
- Die Anzahl der Zahlen kann verringert werden.

Erschwerung

- Anstelle von Smarties dürfen bestimmte Farben nicht verwendet werden.
- Der Athlet muss nach Erreichen der Zahl so schnell wie möglich zum Startgriff zurückklettern.

Abb. 17.1 Zahlensammeln

17.2 Wörterklettern

Beschreibung

- An einer Trainingswand sind Schilder mit den Buchstaben des Alphabets verteilt. Der Trainer nennt ein Wort (z. B. „*Hotel*") und der Athlet muss so schnell wie möglich die einzelnen Buchstaben in der richtigen Reihenfolge erklettern, bis das Wort vollständig ist. Geklettert wird Smarties (siehe Abb. 17.2.).

Organisation

- Die Übung kann auch als Gruppenchallenge an der Kletterwand durchgeführt werden. Jeder Athlet zieht ein Wort und klettert so schnell wie möglich zu den Buchstaben seines Wortes.

Zielsetzung

- Kombination von Schnelligkeit, Aufmerksamkeitsorientierung und selektiver Aufmerksamkeit.

Material

- Schilder mit den Buchstaben des Alphabets.

Vereinfachung

- Die Wörter können in ihrer Länge verkürzt werden.
- Die Reihenfolge, in der die Buchstaben erklettert werden, ist beliebig.

Erschwerung

- Die Buchstaben müssen in umgekehrter Reihenfolge erklettert werden (z. B. statt „Hotel" ist die Reihenfolge „letoH").
- Der Trainer nennt nicht nur ein Wort, sondern gibt auch an, ob die Buchstaben in richtiger oder umgekehrter Reihenfolge erklettert werden müssen.

Abb. 17.2   Wörterklettern

17.3   Fang mich doch

Beschreibung

- Zwei Athleten klettern an der Trainingswand von einer Seite zur anderen. Athlet A startet an einem definierten Startgriff und hat drei Sekunden Vorsprung, bevor Athlet B am selben Startgriff startet und versucht, Athlet A einzuholen. Geklettert wird Smarties (siehe Abb. 17.3.).

Organisation

- Es kann auch kreuz und quer geklettert werden, wobei darauf zu achten ist, dass die Athleten bei einem Sturz nicht aufeinander fallen.

Zielsetzung

- Kombination von Schnelligkeit und geteilter Aufmerksamkeit.

Material

- Es wird kein zusätzliches Material benötigt.

Vereinfachung

- Der Vorsprung wird verlängert (Vereinfachung für Athlet A).
- Der Vorsprung wird verkürzt (Vereinfachung für Athlet B).

Erschwerung

- Es wird mit einem Fuß geklettert.
- Bestimmte Grifffarben dürfen nicht verwendet werden.
- Mit dem Kommando „Wechsel" werden die Rollen getauscht und der Gejagte wird zum Jäger.

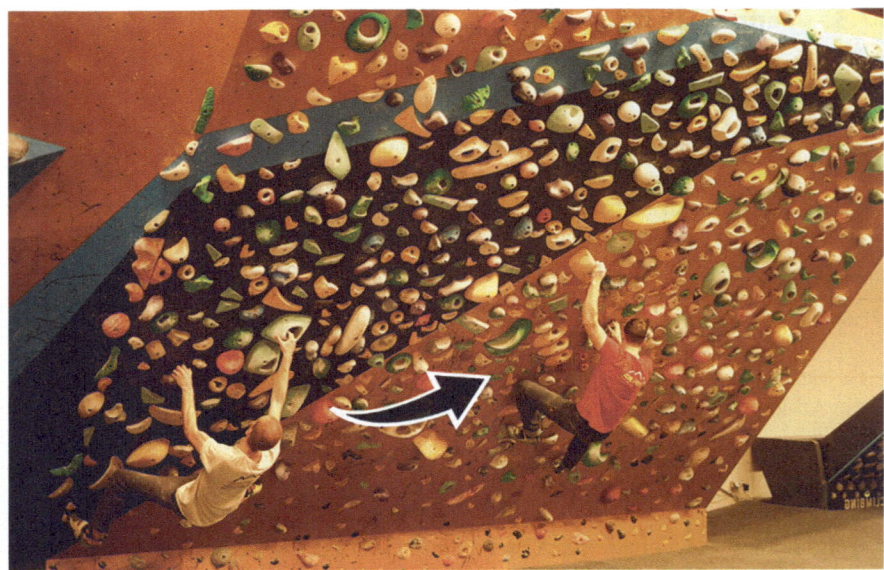

Abb. 17.3   Fang mich doch

Aufmerksamkeit & Koordination

18

18.1 Farbenspiel

Beschreibung

- Der Athlet klettert kreuz und quer Smarties an der Trainingswand. Der Trainer nennt vier Farben (z. B. *„gelb, rosa, schwarz, weiß"*). Der Athlet muss sich nun so positionieren, dass er alle vier Farben gleichzeitig berührt – zwei mit den Händen und zwei mit den Füßen. Diese Position muss fünf Sekunden lang gehalten werden. Welche Farben mit den Händen oder Füßen berührt werden, entscheidet der Athlet selbst. Die Übung wird einige Male wiederholt (siehe Abb. 18.1.).

Organisation

- Die Übung kann auch in Kleingruppen und an der Kletterwand durchgeführt werden.

Zielsetzung

- Kombination von Aufmerksamkeitsorientierung, geteilter Aufmerksamkeit und Körperpositionierung.

Material

- Es wird kein zusätzliches Material benötigt.

© Der/die Autor(en), exklusiv lizenziert an Springer-Verlag GmbH, DE, ein Teil von Springer Nature 2025
D. Memmert und J. Medernach, *Kognitives Athletiktraining im Klettern und Bouldern*, Kognitives Athletiktraining, https://doi.org/10.1007/978-3-662-71809-4_18

Vereinfachung

- Es werden nur zwei Farben vorgegeben, eine muss mit der Hand, die andere mit dem Fuß berührt werden.
- Die Position wird nur zwei Sekunden lang gehalten.

Erschwerung

- Der Trainer gibt vor, welche Farben mit den Händen und Füßen zu berühren sind.
- Die Dauer der Position wird auf zwei Sekunden gekürzt, aber die Kommandos erfolgen in kürzeren Abständen.

Abb. 18.1 Farbenspiel

18.2 Hand und Fuß

Beschreibung

- Der Athlet klettert kreuz und quer Smarties an der Trainingswand. Auf das Kommando „*rechts*" muss er gleichzeitig mit der rechten Hand und dem rechten Fuß einen anderen Griff erreichen. Auf das Kommando „*links*" muss er gleichzeitig mit der linken Hand und dem linken Fuß einen neuen Griff erreichen. Dazwischen wird Smarties geklettert. Die Kommandos werden mehrmals wiederholt (siehe Abb. 18.2.).

Organisation

- Die Übung kann auch in Kleingruppen an der Kletterwand in Bodennähe durchgeführt werden.

Zielsetzung

- Kombination von Aufmerksamkeitsorientierung, geteilter Aufmerksamkeit und Körperpositionierung.

Material

- Es wird kein zusätzliches Material benötigt.

Vereinfachung

- Handgriff und Fußtritt wechseln nicht gleichzeitig, sondern abwechselnd.

Erschwerung

- Nicht die Hand und der Fuß der gleichen Seite, sondern die Hand der einen Seite und der Fuß der anderen Seite müssen zu einem neuen Griff.
- Es wird eine Farbe vorgegeben, zu der mit dem Fuß, der Hand oder beiden gewechselt werden muss.

Abb. 18.2   Hand und Fuß

18.3   Kreuzen und wechseln

Beschreibung

- Der Athlet klettert kreuz und quer Smarties an der Trainingswand, während er bei jedem Griff einen Kreuzzug macht (ein Arm über- oder unterkreuzt den anderen) und bei jedem Tritt einen Fußwechsel (siehe Abb. 18.3.).

Organisation

- Die Übung kann auch in Kleingruppen an der Kletterwand in Bodennähe durchgeführt werden.

Zielsetzung

- Kombination von geteilter Aufmerksamkeit und koordinierter Bewegungsausführung.

Material

- Es wird kein zusätzliches Material benötigt.

Vereinfachung

- Die Bewegungen erfolgen abwechselnd nach den Vorgaben des Trainers. Beim Kommando „Hand" sind nur Kreuzzüge, beim Kommando „Fuß" ausschließlich Fußwechsel durchzuführen.

Erschwerung

- Das Kommando „Wechsel" kommt hinzu und die Aufgaben werden getauscht (Kreuzen mit den Füßen und Handwechsel mit den Händen).

Abb. 18.3 Kreuzen und wechseln

Kreativität & Ausdauer

19

19.1 Finde die Schüttelstelle

Beschreibung

- An der Trainingswand gibt der Trainer mit einem Laserpointer oder einem Stock eine Bewegungsfolge von 12 Zügen vor. Alle Griffe dürfen als Tritte genutzt werden. Nach den 12 Zügen klettert der Athlet zu einem beliebigen Griff seiner Wahl, an dem er für 20 s lang die Arme schütteln kann. Anschließend gibt der Trainer erneut 12 Züge vor. Die Übung wird bis zur Erschöpfung wiederholt. Nach jedem Bewegungsablauf muss ein neuer Schüttelgriff aufgesucht werden (siehe Abb. 19.1.).

Organisation

- Die Übung kann auch an der Kletterwand im Bodenbereich mit einer größeren Gruppe durchgeführt werden.

Zielsetzung

- Kombination von Ausdauer und dem Finden der Schüttelstelle.

Material

- Es wird kein zusätzliches Material benötigt.

Vereinfachung

- Die Anzahl der Kletterzüge wird reduziert (z. B. acht Züge).

© Der/die Autor(en), exklusiv lizenziert an Springer-Verlag GmbH, DE, ein Teil von Springer Nature 2025
D. Memmert und J. Medernach, *Kognitives Athletiktraining im Klettern und Bouldern,* Kognitives Athletiktraining, https://doi.org/10.1007/978-3-662-71809-4_19

Abb. 19.1 Finde die Schüttelstelle

Erschwerung

- Bestimmte Farben dürfen nicht als Fußtritte verwendet werden.
- Beim Schütteln darf der Athlet nur eine bestimmte Farbe als Fußtritte verwenden.

19.2 Hoch, runter, hoch

Beschreibung

- Zuerst klettert der Athlet eine Bewegungsabfolge oder eine Route, die 2 bis 3 Schwierigkeitsgrade unter seinem Leistungsniveau liegt. Oben angekommen muss er absteigen, wobei er alle Griffe unabhängig von ihrer Farbe benutzen darf und versuchen soll, möglichst gute Griffe zu finden. Nach dem Abstieg versucht der Athlet, die gleiche Bewegungsabfolge erneut hinaufzuklettern (siehe Abb. 19.2.).

Organisation

- An der Kletterwand kann die Übung im Toprope oder im Vorstieg durchgeführt werden.

Zielsetzung

- Kombination von Ausdauer und effizienter Griffwahl.

Material

- Es wird kein zusätzliches Material benötigt.

Vereinfachung

- Nach dem Abstieg muss keine weitere Route mehr hochgeklettert werden.
- Der Abstieg erfolgt nur bis zur Hälfte der Kletterwand.
- Beim zweiten Aufstieg wird eine leichtere Route gewählt.

Erschwerung

- Beim Abstieg darf nur mit einem Fuß geklettert werden (auf ausreichende Wandneigung achten).
- Es wird in Sportschuhen geklettert.

Abb. 19.2 Hoch, runter, hoch

19.3   Plus 3

Beschreibung

- Athlet A klettert zunächst drei Züge, die er selbst auswählt. Athlet B muss sich diese drei Züge merken und fügt drei weitere hinzu. Athlet A muss nun die sechs Züge klettern und fügt wiederum drei Züge hinzu. Dieser Vorgang wird wiederholt, bis insgesamt 20–30 Züge definiert sind. Als Tritte können alle Griffe verwendet werden (siehe Abb. 19.3.).

Organisation

- Beide Athleten sollten ein ähnliches Leistungsniveau haben.

Zielsetzung

- Kombination von Ausdauer und der Fähigkeit, Kletterbewegungen selbst zu gestalten.

Material

- Es wird kein zusätzliches Material benötigt.

Vereinfachung

- Die Gesamtzahl an Bewegungen wird reduziert.
- Jeder Athlet definiert immer nur zwei Züge.

Erschwerung

- Unmittelbar vor dem Greifen eines Griffs muss die Hand kurz verharren, ohne den Griff zu berühren.
- Es dürfen nur bestimmte Fußtritte verwendet werden (z. B. nur Spax-Tritte).

Abb. 19.3   Plus 3

Kreativität & Kraft

20

20.1 Joker

Beschreibung

- Es wird ein Boulder gewählt, der zwei bis drei Schwierigkeitsgrade über der Leistungsgrenze des Athleten liegt. Beim Klettern kann der Athlet einen zusätzlichen Griff oder Tritt (Joker) verwenden, um den Boulder zu klettern (siehe Abb. 20.1.).

Organisation

- Die Übung kann allein oder in Kleingruppen mit ähnlichem Leistungsniveau durchgeführt werden.

Zielsetzung

- Kombination von Kraft und kreativer Wahl eines Joker-Griffs.

Material

- Es wird kein zusätzliches Material benötigt.

Vereinfachung

- Der Athlet hat zwei Joker-Griffe.
- Als Fußtritte darf eine zusätzliche Grifffarbe verwendet werden.

© Der/die Autor(en), exklusiv lizenziert an Springer-Verlag GmbH, DE, ein Teil von Springer Nature 2025
D. Memmert und J. Medernach, *Kognitives Athletiktraining im Klettern und Bouldern,* Kognitives Athletiktraining,
https://doi.org/10.1007/978-3-662-71809-4_20

Erschwerung

- Wird der Boulder gelöst, erfolgt ein neuer Durchgang mit einem anderen Joker-Griff.
- Der Joker-Griff wird vom Trainer oder Partner vorgegeben.

Abb. 20.1 Joker

20.2   Einbeiniger Pirat

Beschreibung

- Ein Boulder wird ausgewählt und mit nur einem Fuß geklettert, während der andere die Wand nicht berühren darf. Anschließend wird der Boulder mit dem anderen Fuß wiederholt. Zum Greifen darf nur die Grifffarbe des Boulders verwendet werden, als Tritte hingegen dürfen alle Grifffarben verwendet werden (siehe Abb. 20.2.).

Organisation

- Die Übung kann allein oder in Kleingruppen mit ähnlichem Leistungsniveau durchgeführt werden.

Zielsetzung

- Kombination von Kraft und kreativer Wahl der Fußtritte.

Material

- Es wird kein zusätzliches Material benötigt.

Vereinfachung

- Anstelle eines Boulders wird von einem definierten Startgriff mit einem Fuß Smarties zu einem festgelegten Top-Griff geklettert.
- Der Boulder muss nur bis zu einer bestimmten Kletterhöhe geklettert werden.

Erschwerung

- Der Boulder wird hoch- und wieder abgeklettert.
- Der Boulder wird mit einem Fuß hoch- und mit dem anderen abgeklettert.

Abb. 20.2   Einbeiniger Pirat

20.3 Abkürzung

Beschreibung

- Ein Boulder unter der Leistungsgrenze wird geklettert. Dabei versucht der Athlet zuerst einen, dann mehrere Griffe auszulassen. Zum Greifen und Treten darf nur die Grifffarbe des Boulders verwendet werden (siehe Abb. 20.3.).

Organisation

- Die Übung kann allein oder in Kleingruppen mit ähnlichem Leistungsniveau durchgeführt werden.

Zielsetzung

- Kombination von Kraft und kreativer Lösungsfindung.

Material

- Es wird kein zusätzliches Material benötigt.

Vereinfachung

- Als Tritte dürfen alle Griffe verwendet werden.

Erschwerung

- Der Trainer oder Partner bestimmt, welcher Griff ausgelassen wird.
- Zusätzlich wird ein Griff des Boulders durch einen anderen, weniger guten Griff ersetzt.

Abb. 20.3 Abkürzung

Kreativität & Schnelligkeit

21

21.1 Korkenzieher

Beschreibung

- Der Athlet klettert an Trainingswand schnellstmöglich von einer Seite zur anderen. Dabei wird Smarties geklettert. Während dem Klettern muss er sich einmal 360° im Kreis (Längsachse) drehen, ohne aus der Wand zu fallen. Die Stelle, an der er sich im Kreis dreht, entscheidet er selbst (siehe Abb. 21.1.).

Organisation

- Die Übung kann auch als Staffel und an der Kletterwand in Bodennähe durchgeführt werden.

Zielsetzung

- Kombination von Schnelligkeit, Finden der optimalen Stelle für die Drehung und kreativer 360° Bewegung.

Material

- Es wird kein zusätzliches Material benötigt.

© Der/die Autor(en), exklusiv lizenziert an Springer-Verlag GmbH, DE, ein Teil von Springer Nature 2025
D. Memmert und J. Medernach, *Kognitives Athletiktraining im Klettern und Bouldern,* Kognitives Athletiktraining,
https://doi.org/10.1007/978-3-662-71809-4_21

Vereinfachung

- Hilfestellung (z. B. Handreichung durch den Partner) bei der 360°-Drehung.

Erschwerung

- Anstelle von Smarties dürfen bestimmte Farben nicht verwendet werden.
- Es werden mehrere Drehungen durchgeführt.
- Die Richtung der Drehbewegung ändert sich abwechselnd – im Uhrzeigersinn und gegen den Uhrzeigersinn.

Abb. 21.1 Korkenzieher

21.2   Run & Jump

Beschreibung

- Athlet A definiert an einer Trainingswand eine Bewegungssequenz mit einem kreativen Laufsprung. Athlet B versucht diese Sequenz zu lösen. Anschließend werden die Rollen getauscht. Alle Griffe sind als Tritte erlaubt (siehe Abb. 21.2.).

Organisation

- Die Übung wird in Zweier- oder Dreiergruppen durchgeführt, wobei die Athleten ein ähnliches Leistungsniveau haben sollten.

Zielsetzung

- Kombination von Bewegungsschnelligkeit und eigenständigem Definieren von Lauf- und Sprungbewegungen.

Material

- Es wird kein zusätzliches Material benötigt.

Vereinfachung

- Die Bewegungssequenz besteht ausschließlich aus einem Sprung ohne Laufbewegung.

Erschwerung

- Doppelsprung: Zwei Sprünge werden unmittelbar nacheinander ohne Unterbrechung ausgeführt.
- Richtungswechsel (z. B. Laufbewegung nach links, gefolgt von einem Sprung nach rechts).
- Der Sprung endet an zwei verschiedenen Griffen.

Abb. 21.2   Run & Jump

21.3   Der schnellste Weg

Beschreibung

- An der Trainingswand sind ein Start- und ein Zielgriff sowie verschiedene Bonusgriffe auf der gesamten Wandfläche markiert. Der Athlet muss so schnell wie möglich Smarties vom Startgriff losklettern und alle Bonusgriffe berühren, bevor er zum Zielgriff klettert. Dabei muss er selbst entscheiden, in welcher Reihenfolge er die Bonusgriffe berührt (siehe Abb. 21.3.).

Organisation

- Die Übung kann auch in Zweiergruppen durchgeführt werden, wobei beide Athleten an unterschiedlichen Startgriffen beginnen.

Zielsetzung

- Kombination von schnellem Klettern und dem Suchen nach der schnellsten Lösung.

Material

- Tape zur Markierung der Griffe.

Vereinfachung

- Reduzierung der Bonusgriffe.
- Die Reihenfolge der Bonusgriffe ist vorgegeben.

Erschwerung

- Es dürfen nur bestimmte Fußtritte verwendet werden (z. B. Spax-Tritte).
- Bestimmte Grifffarben dürfen nicht verwendet werden.

Abb. 21.3 Der schnellste Weg

Kreativität & Koordination

22

22.1 No Hands

Beschreibung

- In einer Platte oder senkrechten Trainingswand werden zwei Fußtritte markiert. Der Athlet muss versuchen, von diesen Tritten ohne Hände nach oben zu klettern. Dabei darf er alle Tritte benutzen (siehe Abb. 22.1).

Organisation

- Die Übung kann in der Kleingruppe als Wettbewerb (wer erreicht die größte Höhe) oder so durchgeführt werden, dass jeder Athlet den nächsten erlaubten Tritt bestimmt.

Zielsetzung

- Kombination von Lösungsfindung, Balance und Geschicklichkeit.

Material

- Es wird kein zusätzliches Material benötigt.

© Der/die Autor(en), exklusiv lizenziert an Springer-Verlag GmbH, DE, ein Teil von Springer Nature 2025
D. Memmert und J. Medernach, *Kognitives Athletiktraining im Klettern und Bouldern,* Kognitives Athletiktraining,
https://doi.org/10.1007/978-3-662-71809-4_22

Vereinfachung

- Es darf mit einer Hand geklettert werden.
- Große Trittflächen und Volumen erleichtern die Übung.

Erschwerung

- Nach dem Aufstieg muss auch ohne Hände zu den Starttritten zurückgeklettert werden.
- Oben ist ein bestimmter Fußtritt festgelegt, auf dem der Athlet mit beiden Füßen stehen muss, um die Übung zu beenden.

Abb. 22.1   No Hands

22.2   **Durch die Nudel**

Beschreibung

* An einer Trainingswand sind in verschiedenen Bereichen Schwimmnudeln mit speziellen Klettergriffen befestigt. Der Athlet klettert von einem markierten Startgriff durch alle Schwimmnudeln bis zum markierten Top (siehe Abb. 22.2).

Organisation

* Statt Schwimmnudeln können auch Hula-Hoop-Reifen mit speziellen Klettergriffen verwendet werden.

Zielsetzung

* Kombination von Lösungsfindung, Balance und Geschicklichkeit.

Material

* Schwimmnudeln oder Hula-Hoop-Reifen.
* Spezielle Griffe (z. B. Skyroof, Didaks).

Vereinfachung

* Mit einem Verbindungsstück können zwei Nudeln miteinander verbunden werden, um das Durchklettern zu erleichtern.

Erschwerung

* Höhere Wandneigung.
* Abstand zwischen den Nudeln verringern.
* Es dürfen nur bestimmte Grifffarben verwendet werden.

Abb. 22.2   Durch die Nudel

22.3   Blinde Nuss

Beschreibung

- An der Trainingswand startet der Athlet an zwei markierten Griffen und muss mit geschlossenen Augen bis nach oben klettern (siehe Abb. 22.3).

Organisation

- Die Übung kann auch als Traverse (z. B. von links nach rechts) an der Kletterwand durchgeführt werden.

Zielsetzung

- Kombination von Lösungsfindung, Kinästhetik und Geschicklichkeit.

Material

- Es wird kein zusätzliches Material benötigt.

Vereinfachung

- Ferngesteuert: Der Partner unten leitet den Athleten mit Ansagen zu den Griffen.
- Klettern mit einer Lochbrille (Rasterbrille).

Erschwerung

- Partner-Duo: Es wird zu zweit geklettert. Beide Athleten reichen sich eine Hand, sodass jeder nur mit einer Hand greifen kann.

Abb. 22.3   Blinde Nuss

Intelligenz & Ausdauer

23

23.1 Leise Maus

Beschreibung

- An der Kletter- oder Trainingswand wird eine Route bzw. eine Bewegungssequenz geklettert, wobei der Athlet versucht, die Füße so leise und präzise wie möglich zu stellen (siehe Abb. 23.1).

Organisation

- An der Trainingswand können mehrere Athleten gleichzeitig klettern. Die Übung kann auch als Schattenklettern durchgeführt werden, bei dem ein Athlet vorklettert und die anderen folgen. Die Route oder Sequenz sollte mindestens 30 Züge lang sein.

Zielsetzung

- Kombination von optimaler Fußpositionierung und Ausdauer.

Material

- Es wird kein zusätzliches Material benötigt.

Vereinfachung

- Alle Grifffarben dürfen als Fußtritte verwendet werden.

Erschwerung

- Es wird in Sportschuhen geklettert.
- Strafe, wenn nicht leise getreten wird (z. B. 10 s einfrieren).

Abb. 23.1   Leise Maus

23.2   Repeater

Beschreibung

- An der Trainingswand wird eine Bewegungssequenz (ca. 12–15 Züge) fest-gelegt, bei der alle Grifffarben als Tritte verwendet werden dürfen. Die Sequenz wird 4–5 Mal ohne Pause wiederholt (siehe Abb. 23.2).

Organisation

- Die Übung wird allein oder in Zweiergruppen durchgeführt. Anstelle einer defi-nierten Sequenz kann auch ein Boulder mehrmals wiederholt werden.

Zielsetzung

- Kombination von Ausdauer und dem Einschleifen einer Bewegungssequenz.

Material

- Es wird kein zusätzliches Material benötigt.

Vereinfachung

- Die Länge der Bewegungssequenz oder des Boulders wird verkürzt.
- Nach jedem Durchstieg folgt eine kurze Pause (z. B. 10 s).

Erschwerung

- Vorermüdung: Vor jedem Durchstieg müssen beispielsweise vier Klimmzüge durchgeführt werden.
- Hand- und Fußtritte müssen die gleiche Farbe haben.

Abb. 23.2 Repeater

23.3 Abwärtsspirale

Beschreibung

* Zunächst wird ein Boulder an der individuellen Leistungsgrenze geklettert. Danach folgen ohne Pause vier weitere Boulder, die jeweils einen Schwierigkeitsgrad darunter liegen (z. B. 7a > 6c > 6b > 6a > 5c). Alle Boulder sollen möglichst präzise und ohne Bewegungsfehler geklettert werden (siehe Abb. 23.3).

Organisation

* Entscheidend ist, dass trotz Ermüdung alle Bewegungen präzise ausgeführt werden.

Zielsetzung

* Kombination von Ausdauer und effizienter Bewegungsausführung durch stufenweise Reduktion des Schwierigkeitsgrades bei fortschreitender Ermüdung.

Material

* Es wird kein zusätzliches Material benötigt.

Vereinfachung

* Der erste Boulder liegt bereits einen Schwierigkeitsgrad unter der Leistungsgrenze.
* Die Abstufung der Schwierigkeitsgrade ist höher (z. B. zwei Schwierigkeitsgrade).

Erschwerung

* Pro Schwierigkeitsgrad werden zwei Boulder geklettert.
* Die Anzahl der Boulder wird erhöht.

Abb. 23.3 Abwärtsspirale

Intelligenz & Kraft

24

24.1 Dreierpack

Beschreibung

- Der Athlet klettert drei Boulder in Folge: Einen an seiner Leistungsgrenze und zwei, die zwei Schwierigkeitsgrade darunter liegen. Die Schwierigkeitsgrade werden ihm nicht mitgeteilt, aber er darf die Reihenfolge selbst bestimmen. Um der zunehmenden Ermüdung entgegenzuwirken, sollte er mit dem schwierigsten Boulder beginnen. Dafür muss er die Schwierigkeit der Boulder richtig einschätzen, um die optimale Kletterstrategie zu wählen (siehe Abb. 24.1).

Organisation

- Alternativ können drei Boulder am Moonboard oder Kilterboard ausgewählt werden. Wichtig ist, dass der Athlet die Schwierigkeitsgrade der Boulder nicht kennt.

Zielsetzung

- Kombination von Kraft und optimaler Entscheidungsfindung.

Material

- Es wird kein zusätzliches Material benötigt.

© Der/die Autor(en), exklusiv lizenziert an Springer-Verlag GmbH, DE, ein Teil von Springer Nature 2025
D. Memmert und J. Medernach, *Kognitives Athletiktraining im Klettern und Bouldern,* Kognitives Athletiktraining,
https://doi.org/10.1007/978-3-662-71809-4_24

Vereinfachung

- Der dritte Boulder ist nochmals zwei Schwierigkeitsgrade leichter als der zweite.
- Alle Griffe können als Tritte verwendet werden.
- Kurze Pause zwischen zwei Bouldern (z. B. 10 s).

Erschwerung

- Der Trainer gibt die Reihenfolge vor (z. B. *„zuerst die beiden leichten Boulder, dann den schweren"*, *„zuerst den leichten Boulder, dann den schweren und zum Schluss den leichten"*).

Abb. 24.1   Dreierpack

24.2 Fuß zur Hand

Beschreibung

- Es werden Boulder geklettert (ca. zwei Schwierigkeitsgrade unter dem Leistungsniveau), wobei die Füße nur auf Griffe gestellt werden dürfen, die auch mit den Händen gegriffen werden. Andere Griffe des Boulders sind nicht erlaubt (siehe Abb. 24.2).

Organisation

- Die Boulder sollten sich in unterschiedlichen Wandbereichen befinden. Die Übung kann im Stationsbetrieb durchgeführt werden, wobei die Athleten von Boulder zu Boulder rotieren.

Zielsetzung

- Kombination von Kraft und motorischer Problemlösung.

Material

- Es wird kein zusätzliches Material benötigt.

Vereinfachung

- Um die Startposition zu vereinfachen, dürfen die Fußtritte beim Start benutzt werden. Nach dem ersten Zug dürfen die Füße jedoch nur noch auf Griffe gestellt werden, die auch mit den Händen gegriffen werden.

Erschwerung

- Die Boulder müssen sowohl auf- als auch abgeklettert werden.
- Es darf nur mit einem Fuß geklettert werden.

Abb. 24.2 Fuß zur Hand

24.3   Trau dich

Beschreibung

- Es werden 2–3 Boulder-Projekte deutlich (2–3 Grade über dem maximalen Leistungsniveau) über der Leistungsgrenze ausgewählt und über mehrere Trainingseinheiten wiederholt geübt (siehe Abb. 24.3).

Organisation

- Die Boulder sollten unterschiedliche Bewegungsanforderungen bieten und individuell ausgewählt werden. Die Übung ist nur ein Teil der Trainingseinheit und sollte ergänzend zu anderen Inhalten durchgeführt werden.

Zielsetzung

- Kombination von Kraft und dem Einstudieren motorischer Lösungen.

Material

- Es wird kein zusätzliches Material benötigt.

Vereinfachung

- Nur ein Boulder-Projekt.
- Zunächst dürfen alle Griffe als Tritte verwendet werden.

Erschwerung

- Nach der ersten Trainingseinheit, in der die Boulder erarbeitet werden, darf der Athlet in den folgenden Einheiten pro Boulder nur einen Versuch machen (Training der Nichtwiederholbarkeit).

Abb. 24.3   Trau dich

Intelligenz & Schnelligkeit

25

25.1 Aber nicht kucken

Beschreibung

- Es werden Boulder an der Leistungsgrenze geklettert. Der Athlet darf sich die Bewegungen vorher nicht ansehen, sondern muss den Boulder ohne Routenvorschau klettern. Dabei muss er schnell die richtige Kletterstrategie entwickeln. Außerdem hat er nur 10 s Zeit, um den Boulder zu klettern (siehe Abb. 25.1).

Organisation

- Die Übung kann in Kleingruppen nach dem IFSC-Rotationsprinzip durchgeführt werden. Pro Boulder ist nur ein Versuch erlaubt. Die Boulder sollten unterschiedliche Bewegungsanforderungen bieten.

Zielsetzung

- Schnelle motorische Lösungsfindung während des Kletterns.

Material

- Es wird kein zusätzliches Material benötigt.

Vereinfachung

- Der Athlet darf sich die Boulder vorher kurz ansehen (z. B. 10 s).
- Alle Griffe können als Tritte verwendet werden.

Erschwerung

- Die Boulder müssen sowohl hoch- als auch abwärts geklettert werden.
- Es darf nur mit einem Fuß geklettert werden.

Abb. 25.1   Aber nicht kucken

25.2   Stocktraining

Beschreibung

- An der Trainingswand startet der Athlet an markierten Startgriffen. Der Trainer zeigt die zu greifenden Griffe mit einem Stock oder Laserpointer schnell hintereinander an. Alle Griffe können auch als Tritte verwendet werden (siehe Abb. 25.2).

Organisation

- Die Übung kann auch in Zweier- oder Dreiergruppen durchgeführt werden. Die Athleten sollten ein ähnliches Leistungsniveau haben und sich gegenseitig die Griffe ansagen.

Zielsetzung

- Schnelle motorische Lösungsfindung während des Kletterns.

Material

- Stock oder Laserpointer.

Vereinfachung

- Das Tempo der Griffangaben wird verlangsamt.

Erschwerung

- Es dürfen nur bestimmte Tritte (z. B. Spax-Tritte) benutzt werden.
- Es darf nur mit einem Fuß geklettert werden.
- Bestimmte Farben dürfen nicht als Tritte benutzt werden.

Abb. 25.2   Stocktraining

25.3   Immer schneller

Beschreibung

- Es wird ein Boulder ausgewählt (ca. zwei Grade unter der Leistungsgrenze), den der Athlet erfolgreich klettern kann. Der Boulder wird mehrmals wiederholt, wobei der Athlet versucht, ihn immer schneller zu klettern. Zwischen den Versuchen sollte eine ausreichende Erholungszeit (ca. 2–3 min) gewährleistet sein (siehe Abb. 25.3).

Organisation

- Die Übung kann auch in Kleingruppen durchgeführt werden, wobei die Athleten versuchen, sich gegenseitig zu übertreffen.

Zielsetzung

- Kombination von Bewegungsgeschwindigkeit und Optimierung motorischer Lösungen.

Material

- Stoppuhr.

Vereinfachung

- Alle Griffe können als Tritte verwendet werden.

Erschwerung

- Die Boulder müssen sowohl hoch- als auch abwärts geklettert werden.
- Es darf nur mit einem Fuß geklettert werden.

RANKING	TIME
1.	08:00:12
2.	09:04:41
3.	10:21:11

Abb. 25.3 Immer schneller

Intelligenz & Koordination

26

26.1 Slow Motion

Beschreibung

- Es werden verschiedene Boulder geklettert, bei denen die Bewegungen in Zeitlupe ausgeführt werden (siehe Abb. 26.1).

Organisation

- Die Bewegungsanforderungen der Boulder müssen ein langsames Klettern ermöglichen (z. B. keine Sprünge). Die Übung kann in Kleingruppen nach dem IFSC-Rotationsprinzip durchgeführt werden.

Zielsetzung

- Kombination von Bewegungspräzision und Lösungsfindung.

Material

- Es wird kein zusätzliches Material benötigt.

Vereinfachung

- Alle Griffe können als Tritte verwendet werden.
- Es wird Smarties geklettert, wobei nur der Start- und Topgriff vorgegeben sind.

© Der/die Autor(en), exklusiv lizenziert an Springer-Verlag GmbH, DE, ein Teil von Springer Nature 2025
D. Memmert und J. Medernach, *Kognitives Athletiktraining im Klettern und Bouldern,* Kognitives Athletiktraining, https://doi.org/10.1007/978-3-662-71809-4_26

Erschwerung

- Unmittelbar vor dem Greifen eines Griffs muss die Hand kurz verharren, ohne den Griff zu berühren.

Abb. 26.1 Slow Motion

26.2   Eine Hand lösen

Beschreibung

- Es werden verschiedene Boulder geklettert (ca. 2–3 Schwierigkeitsgrade unter dem maximalen Leistungsniveau). Jedes Mal, wenn der Athlet einen Griff greift, muss er ihn danach für eine kurze Zeit (2–3 s) wieder loslassen, ohne dabei aus der Wand zu fallen (siehe Abb. 26.2).

Organisation

- Statt Boulder können auch Bewegungssequenzen an der Trainingswand definiert oder die Übung in einer Kletterroute durchgeführt werden.

Zielsetzung

- Kombination von motorischer Lösung und optimaler Körperpositionierung.

Material

- Es wird kein zusätzliches Material benötigt.

Vereinfachung

- Die Einfrierdauer wird reduziert.
- Alle Griffe können als Tritte verwendet werden.
- Es wird Smarties geklettert, wobei nur der Start- und Top-Griff vorgegeben sind.

Erschwerung

- Höhere Wandneigung.
- Die Einfrierdauer wird erhöht.
- Beim Greifen müssen beide Hände nacheinander vom Griff gelöst werden.

Abb. 26.2 Eine Hand lösen

26.3   Zwei hoch, einen runter

Beschreibung

- Es werden verschiedene Boulder geklettert (ca. 2–3 Schwierigkeitsgrade unter dem maximalen Leistungsniveau). Der Athlet klettert zunächst die ersten beiden Züge, dann wieder einen Zug zurück. Danach klettert er wieder zwei Züge nach oben und einen zurück. Dieser Vorgang wird wiederholt, bis er den Top-Griff erreicht (siehe Abb. 26.3).

Organisation

- Statt Boulder können auch Bewegungssequenzen an der Trainingswand definiert werden. Die Übung kann auch in Zweier- oder Dreiergruppen durchgeführt werden, wobei die Athleten ein ähnliches Leistungsniveau haben sollten.

Zielsetzung

- Kombination von motorischer Lösungsfindung und Richtungswechsel.

Material

- Es wird kein zusätzliches Material benötigt.

Vereinfachung
- Es werden immer drei Züge nach oben und ein Zug nach unten geklettert.
- Alle Griffe können als Tritte verwendet werden.
- Es wird Smarties geklettert, wobei nur der Start- und Top-Griff vorgegeben sind.

Erschwerung
- Die Boulder müssen sowohl hoch- als auch abwärts geklettert werden.
- Es darf nur mit einem Fuß geklettert werden.

Abb. 26.3   Zwei hoch, einen runter

Gedächtnis & Ausdauer

27

27.1 High Five

Beschreibung

- An der Trainingswand startet der Athlet an zwei markierten Startgriffen. Der Trainer zeigt mit einem Laser oder Stock fünf Griffe vor, die sich der Athlet merken muss. Anschließend klettert er diese fünf Züge und muss am letzten Griff einfrieren. Danach gibt der Trainer erneut fünf Griffe vor, die sich der Athlet merken und klettern muss. Die Übung wird bis zur Erschöpfung wiederholt. Alle Griffe dürfen als Fußtritte verwendet werden (siehe Abb. 27.1).

Organisation

- Die Übung kann auch in Zweier- oder Dreiergruppen durchgeführt werden, wobei die Athleten ein ähnliches Leistungsniveau haben sollten.

Zielsetzung

- Kombination von Ausdauer und Einprägen der Griffe.

Material

- Es wird kein zusätzliches Material benötigt.

D. Memmert und J. Medernach, *Kognitives Athletiktraining im Klettern und Bouldern,* Kognitives Athletiktraining, https://doi.org/10.1007/978-3-662-71809-4_27

Vereinfachung

- Es werden jeweils nur drei Griffe vorgegeben.

Erschwerung
- Es wird in Sportschuhen geklettert.
- Es dürfen nur bestimmte Fußtritte (z. B. Spax) verwendet werden.

Abb. 27.1 High Five

27.2 Griffe sammeln

Beschreibung

- An der Trainingswand startet der Athlet an zwei markierten Startgriffen. Der Trainer nennt eine Farbe (z. B. „*grün*") und eine Zahl (z. B. „*fünf*"). Der Athlet muss nun die vorgegebene Anzahl von Griffen der entsprechenden Farbe greifen (z. B. fünf grüne Griffe). Die Übung wird mit verschiedenen Farben und Zahlen bis zur Erschöpfung wiederholt. Alle Griffe können als Tritte verwendet werden (siehe Abb. 27.2).

Organisation

- Die Übung kann auch in Zweier- oder Dreiergruppen durchgeführt werden, wobei die Athleten ein ähnliches Leistungsniveau haben sollten.

Zielsetzung

- Kombination von Ausdauer und Griffsuche.

Material

- Es wird kein zusätzliches Material benötigt.

Vereinfachung

- Nach jedem Kommando folgt eine kurze Pause (z. B. 10 s).

Erschwerung

- Beim Klettern zum jeweiligen Griff müssen Hand- und Fußtritte unterschiedliche Farben haben.
- Beim Klettern zum jeweiligen Griff müssen alle Griffe und Tritte unterschiedliche Farben haben (vier verschiedene Farben).

Abb. 27.2 Griffe sammeln

27.3   Schattenklettern

Beschreibung

- Zwei Athleten klettern ununterbrochen an einer Trainingswand Smarties. Athlet A klettert die Route vor, während Athlet B sich die Griffe und Tritte merken und exakt nachklettern muss. Es wird so lange geklettert, bis einer der beiden Athleten aus der Wand fällt. Nach einer kurzen Pause (1–2 min) werden die Rollen getauscht (siehe Abb. 27.3).

Organisation

- Es wird in Zweiergruppen geklettert, wobei die Athleten ein ähnliches Leistungsniveau haben sollten.

Zielsetzung

- Kombination von Ausdauer und Einprägen der Griffe.

Material

- Es wird kein zusätzliches Material benötigt.

Vereinfachung

- Begrenzung der Anzahl der Züge (z. B. 20 Züge).
- Alle Griffe können als Tritte verwendet werden, sodass sich Athlet B nur die Handgriffe merken muss.

Erschwerung

- Die Klettergeschwindigkeit wird erhöht.
- Die Dauer der Pause wird verkürzt (30 s).

Abb. 27.3 Schattenklettern

Gedächtnis & Kraft

28

28.1 Play-Replay

Beschreibung

- Athlet A klettert an der Trainingswand eine von ihm definierte Bewegungs-sequenz von 8–12 Zügen. Athlet B beobachtet ihn dabei und muss sich die Züge einprägen. Anschließend versucht er, die Sequenz zu klettern. Nach jedem Durchgang werden die Rollen getauscht. Alle Griffe können als Tritte ver-wendet werden (siehe Abb. 28.1).

Organisation

- Die Übung kann auch in kleinen Gruppen (z. B. 3–4 Athleten) durchgeführt werden. Dabei sollte die Kletterreihenfolge regelmäßig gewechselt werden, damit die Athleten an dritter und vierter Stelle die Sequenz nicht jeweils zwei- oder dreimal sehen, bevor sie selbst klettern.

Zielsetzung

- Kombination von Kraft und Einprägen der Griffe und Bewegungen.

Material

- Es wird kein zusätzliches Material benötigt.

© Der/die Autor(en), exklusiv lizenziert an Springer-Verlag GmbH, DE, ein Teil von Springer Nature 2025
D. Memmert und J. Medernach, *Kognitives Athletiktraining im Klettern und Bouldern,* Kognitives Athletiktraining,
https://doi.org/10.1007/978-3-662-71809-4_28

Vereinfachung

- Die Anzahl der Züge verringern.
- Die Sequenz wird zweimal vorgezeigt.

Erschwerung

- Athlet B muss sich die Handgriffe und Fußtritte merken.

Abb. 28.1 Play-Replay

28.2   Ohne LEDs

Beschreibung

- Am Moonboard oder Kilterboard hat der Athlet eine Minute Zeit, sich einen Boulder (zwei Schwierigkeitsgrade unter seinem Leistungsniveau) einzuprägen. Nach Ablauf der Minute werden die LEDs ausgeschaltet und der Athlet muss versuchen, den Boulder zu klettern (siehe Abb. 28.2).

Organisation

- Die Übung kann auch in kleinen Gruppen (z. B. 3–4 Athleten) durchgeführt werden. Dabei sollte die Kletterreihenfolge regelmäßig gewechselt werden, damit die Athleten an dritter und vierter Stelle die Sequenz nicht jeweils zwei- oder dreimal sehen, bevor sie selbst klettern.

Zielsetzung

- Kombination von Kraft und Einprägen der Griffe und Bewegungen.

Material

- Moonboard oder Kilterboard.

Vereinfachung

- Alle Griffe dürfen als Fußtritte verwendet werden.
- Die Beobachtungszeit wird verlängert.
- Der Athlet hat einen Joker, den er verwenden kann, wenn er einen Griff vergessen hat.

Erschwerung

- Die Beobachtungszeit wird verkürzt.
- Es wird in Sportschuhen geklettert.
- Nach der Beobachtungsphase werden zunächst 10 Klimmzüge durchgeführt, bevor der Boulder geklettert wird.

Abb. 28.2   Ohne LEDs

28.3 Hangelboard

Beschreibung

- Athlet A zeigt an einem Hangboard eine Hangelfolge von ca. acht Zügen vor. Athlet B prägt sich die Sequenz ein und führt sie danach nach. Danach werden die Rollen getauscht (siehe Abb. 28.3).

Organisation

- In Zweier- oder Dreiergruppen. Alternativ kann die Übung auch am Campusboard oder an mehreren Hangboards durchgeführt werden.

Zielsetzung

- Kombination von Kraft und Einprägen der Griffe.

Material

- Hangboard oder Campusboard.

Vereinfachung
- Die Anzahl der Bewegungen wird reduziert.
- Bei jedem zweiten Zug muss ein guter Griff verwendet werden.

Erschwerung

- Kombination aus Hangeln, Klimmzügen und isometrischem Hängen, bei der sich Athlet B die Abfolge und Haltezeiten einprägen muss.

Abb. 28.3   Hangelboard

29.1 Eins, zwei, drei

Beschreibung

- Zwei Athleten klettern Smarties an einer Trainingswand. Zuerst klettert Athlet A so schnell wie möglich zu einem Griff seiner Wahl und ruft laut *„eins"*. Dann startet Athlet B und muss so schnell wie möglich zu diesem Griff klettern. Währenddessen klettert Athlet A weiter und ruft bei zwei weiteren Griffen *„zwei"* und *„drei"*. Athlet B muss sich auch diese Griffe merken und so schnell wie möglich alle drei Griffe erreichen. Danach werden die Rollen getauscht (siehe Abb. 29.1).

Organisation

- Die Übung wird in Zweiergruppen durchgeführt.

Zielsetzung

- Kombination von Schnelligkeit und Einprägen der Griffe.

Material

- Es wird kein zusätzliches Material benötigt.

D. Memmert und J. Medernach, *Kognitives Athletiktraining im Klettern und Bouldern,* Kognitives Athletiktraining, https://doi.org/10.1007/978-3-662-71809-4_29

Vereinfachung

- Athlet A wählt nur zwei Griffe aus.
- Athlet B startet erst, wenn Athlet A alle drei Griffe ausgewählt hat.

Erschwerung

- Athlet A wählt vier Griffe und Athlet B startet erst, wenn der zweite Griff genannt wurde.

Abb. 29.1 Eins, zwei, drei

29.2 Fahnenklettern

Beschreibung

- Zwei Athleten klettern im normalen Tempo Smarties an einer Trainingswand. Der Trainer nennt eine Fahne (z. B. „*Irland*") und beide Athleten müssen schnellstmöglich jeweils drei Griffe in den Farben der Fahne (grün, weiß, orange) berühren. Gewonnen hat der Athlet, der als erster alle Griffe berührt (siehe Abb. 29.2).

Organisation

- Die Übung kann auch als Staffel in Kleingruppen durchgeführt werden, bei der jeder Athlet pro Gruppe eine Fahne zieht. Der nächste Athlet darf erst starten, wenn der vorherige alle Griffe der Fahne berührt hat.

Zielsetzung

- Kombination von Schnelligkeit und dem Einprägen der Farben.

Material

- Schilder mit verschiedenen Landesflaggen.

Vereinfachung

- Die Übung wird nicht als Wettkampf, sondern individuell durchgeführt.
- Es müssen jeweils nur zwei Griffe der Flaggenfarben (freie Wahl) berührt werden.

Erschwerung

- Es werden zwei Fahnen genannt.
- Für jede Farbe müssen unterschiedlich viele Griffe berührt werden (z. B. Farbe 1: zwei Griffe, Farbe 2: vier Griffe, Farbe 3: sechs Griffe).

Abb. 29.2   Fahnenklettern

29.3 Griffe-Memo

Beschreibung

- An einer Trainingswand sind ein Start- und ein Zielgriff markiert. Der Athlet muss so schnell wie möglich Smarties vom Startgriff zum Zielgriff klettern. Die Griffe kann er frei wählen, muss sie sich aber gut merken. Denn am Zielgriff angekommen, muss er dem Trainer sagen, welche Griffe er benutzt hat (siehe Abb. 29.3).

Organisation

- Die Übung kann auch in Zweier- oder Dreiergruppen durchgeführt werden. Alternativ klettert ein Athlet vom Start- zum Zielgriff, während die anderen Athleten sich die Griffe merken und die gleiche Sequenz so schnell wie möglich nachklettern müssen.

Zielsetzung

- Kombination von Schnelligkeit und Einprägen der Griffe.

Material

- Es wird kein zusätzliches Material benötigt.

Vereinfachung

- Start- und Zielgriff sind näher beieinander.

Erschwerung

- Es dürfen nur bestimmte Fußtritte verwendet werden (z. B. Spax).
- Es gibt zwei oder drei Durchgänge mit unterschiedlichen Start- und Zielgriffen. Der Athlet muss sich die Griffe aller Durchgänge merken.

Abb. 29.3 Griffe-Memo

Gedächtnis & Koordination

30

30.1 Stehen bleiben

Beschreibung

- Athlet A positioniert sich an einer Trainingswand auf zwei festgelegten Tritten im Bodenbereich und greift mit beiden Händen den vorgegebenen Startgriff (siehe Abb. 30.1). Ein Fuß muss stets auf den definierten Tritten bleiben, der andere darf auf einen beliebigen Tritt gestellt werden. Athlet B steht vor der Wand und gibt Kommandos, welche Griffe gegriffen werden sollen (z. B. *„links weiß und rechts grün"*).

Organisation

- Die Übung wird in Zweiergruppen durchgeführt. Ihre Komplexität hängt von den Tritten und der Anzahl der Griffe in verschiedenen Farben ab.

Zielsetzung

- Kombination von Körperpositionierung und Arbeitsgedächtnis.

Material

- Es wird kein zusätzliches Material benötigt.

Vereinfachung

- Nur ein Kommando (z. B. *„links weiß"*).

© Der/die Autor(en), exklusiv lizenziert an Springer-Verlag GmbH, DE, ein Teil von Springer Nature 2025
D. Memmert und J. Medernach, *Kognitives Athletiktraining im Klettern und Bouldern,* Kognitives Athletiktraining,
https://doi.org/10.1007/978-3-662-71809-4_30

Erschwerung

- Beide Griffe müssen gleichzeitig gegriffen werden.
- Die Kommandos sind spiegelverkehrt auszuführen: Die linke Hand greift den Griff, der für „rechts" angegeben wurde, und umgekehrt.

Abb. 30.1 Stehen bleiben

30.2   Affen, sortiert euch

Beschreibung

- Alle Athleten befinden sich an der Trainings- oder Kletterwand und dürfen Smarties klettern. Der Trainer gibt Kommandos, nach denen sich die Athleten in eine bestimmte Reihenfolge bringen sollen (z. B. nach Körpergröße, Alter oder Anfangsbuchstaben). Nun müssen die Athleten zu ihrer jeweiligen Position klettern (siehe Abb. 30.2).

Organisation

- Die Übung wird in kleinen Gruppen oder mit allen Athleten durchgeführt.

Zielsetzung

- Kombination von motorischer Umsetzung, Körperpositionierung und Arbeitsgedächtnis.

Material

- Es wird kein zusätzliches Material benötigt.

Vereinfachung

- Die Übung wird in Gruppen von drei bis vier Athleten durchgeführt.

Erschwerung

- Nach dem Ausführen eines Kommandos (z. B. nach Körpergröße aufstellen) wird das Kommando in umgekehrter Reihenfolge wiederholt.
- Es dürfen nur bestimmte Griff- und Trittfarben verwendet werden.
- Die Kommandos müssen unter Zeitdruck (z. B. eine Minute) ausgeführt werden.

Abb. 30.2 Affen, sortiert euch

30.3   Verrückter Zoo

Beschreibung

- Die Athleten klettern an der Trainings- oder Kletterwand Smarties. Der Trainer gibt schnell nacheinander verschiedene Tiere vor, die von den Athleten nachgeahmt werden müssen: *„Die Maus bewegt sich lautlos"*, *„Der Frosch geht immer in die Knie"*, *„Die Katze schleicht sanft an der Wand entlang und greift behutsam die Griffe"*, *„Die Schildkröte klettert sehr langsam"*, *„Das Faultier hängt sich an die langen Arme"*, *„Der Hase springt von Griff zu Griff"* (siehe Abb. 30.3).

Organisation

- Die Übung kann je nach Größe der Wand in kleineren oder größeren Gruppen durchgeführt werden.

Zielsetzung

- Kombination von motorischer Umsetzung und Umstellungsfähigkeit.

Material

- Es wird kein zusätzliches Material benötigt.

Vereinfachung

- Die Geschwindigkeit der Kommandos wird reduziert.
- Die Dauer der Tierimitierung wird verkürzt und zwischendurch Smarties geklettert.

Erschwerung

- Es dürfen nur bestimmte Griff- und Trittfarben verwendet werden.
- Die Kommandos wechseln schneller.

Abb. 30.3   Verrückter Zoo

The manufacturer's authorised representative in the EU is Springer
Nature Customer Service Centre GmbH, Europaplatz 3, 69115 Heidelberg,
Germany. If you have any concerns regarding our products, please
contact ProductSafety@springernature.com

Printed and bound by CPI Group (UK) Ltd, Croydon, CR0 4YY

29/04/2026

02099470-0006